《讲好中国式乡村振兴故事》丛书

新征程
新饶河

中国乡村振兴发展中心　指导
《新征程 新饶河》课题组　编著

中国文联出版社

图书在版编目（CIP）数据

新征程新饶河 /《新征程新饶河》课题组编著. --
北京 : 中国文联出版社，2024.4
ISBN 978-7-5190-5494-6

Ⅰ. ①新… Ⅱ. ①新… Ⅲ. ①社会主义建设成就—饶河县 Ⅳ. ①D619.354

中国国家版本馆 CIP 数据核字（2024）第 065538 号

编　　著　《新征程新饶河》课题组
责任编辑　胡　笋
责任校对　秀点校对
装帧设计　谭　锴

出版发行　中国文联出版社有限公司
社　　址　北京市朝阳区农展馆南里 10 号　　邮编　100125
电　　话　010-85923025（发行部）　010-85923091（总编室）
经　　销　全国新华书店等
印　　刷　天津和萱印刷有限公司

开　　本　710 毫米 ×1000 毫米　1/16
印　　张　11.25
字　　数　60 千字
版　　次　2024 年 4 月第 1 版第 1 次印刷
定　　价　56.00 元

编 委 会

本书指导组

谢中武　王晓杨　姜宇峰　付殿军

张洪君　谷庆华

本书协调组（按姓氏笔画排序）

马凤敏　王晓杨　王锡鑫　冯　健

邬　恒　刘大海　刘志权　米立功

孙毅军　李召福　张　苏　张　博

周永波　段英凯

本书编写组（按姓氏笔画排序）

马楠楠　王凤雷　兰莹郡　刘　杰

刘　洋　刘　博　李宗泽　李亮亮

杨佳佳　张雯雯　陈　宁　庞大勇

姚兰鹤　袁　泉　徐忠源　薛文龙

目录

第一章

乌苏里江长又长

这里是祖国太阳最早升起的地方，是《乌苏里船歌》的家乡；这里是国家级生态示范区，拥有全亚洲唯一的蜂种自然保护区和国家一类口岸；这里是中国玉文化发源地之一，开启了中国玉器起源的新纪元；这里遍布着东北抗联的足迹，是见证革命老区精神和弘扬传承红色文化的重要承载地。这就是饶河！生活在这里的人民在党的领导下谱写了社会主义建设的史诗，绘制了新时代“船歌向党”的伟业蓝图。

一、饶河生玉塑造悠久灿烂文化

黑龙江省双鸭山市饶河县，1909 年建县，地处黑龙江省东北部、乌苏里江中下游，隔乌苏里江与俄罗斯哈巴罗夫斯克边区比金市相望，县域面积 6765 平方千米，人口 13 万人，县辖 4 镇 5 乡 79 个行政村，境内有 5 个农垦国营农场，11 个森工林场。全县共有 22 个民族，有 1 个赫哲族乡和 3 个朝鲜族村。其中，四排赫哲族乡是全国仅有的 3 个赫哲族乡之一。近年来，饶河县委、县政府按照省、市安排部署，统筹推进县域经济、政治、文化、社会、生态文明建设，先后获得首批“全国森林氧吧”、国家级兴边富民工作重点县、全省法治环境建设先进县、全省“双拥模范县”、全省民族团结进步先进集体、全省文明城市等荣誉称号。同时，也是乡村振兴重点县。

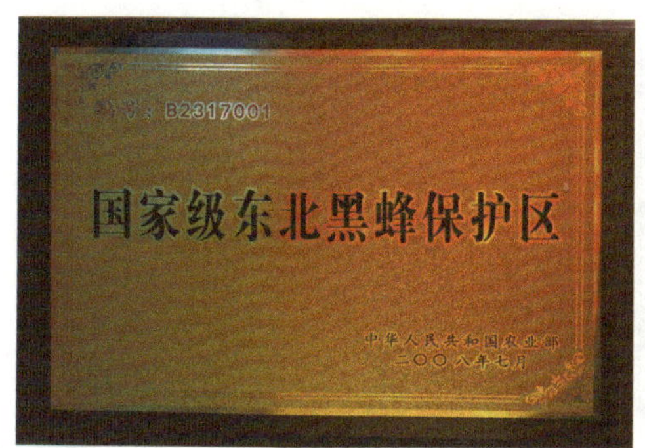

2008 年，农业部批准黑龙江省饶河东北黑蜂国家级自然保护区列为国家级畜禽遗传资源保护区

2016 年 12 月，饶河县被评为“全国旅游标准化示范县”

2016 年，饶河县成功获评首批“中国天然氧吧”九个城市之一。2019 年、2022 年分别通过“中国天然氧吧”评审复核，连续保持“中国天然氧吧”称号 7 年之久

饶河县荣获“2017 最美中国”生态、自然旅游城市、“民俗、民族旅游城市”称号

2017 年 10 月，东北黑蜂保护区被中国蜂产品协会授予“椴树蜜之乡”的称号

2020 年年底，饶河县被省委、省政府、省军区命名表彰为省级“双拥模范县”，实现创建省级“双拥模范县”三连冠

2023 年，饶河县被省妇联、省精神文明建设指导委员会办公室、省教育厅、省文化和旅游厅评为省家教家风创新实践示范基地

2023 年 2 月，饶河县被评为“黑龙江特色气候小镇”

2023 年 4 月，黑龙江省饶河县乌苏里江湿地雾凇（雾凇景观）被中国气象服务协会评选为第二批“天气气候景观观赏地”

饶河县获评省级文明城市

在水一方的魅力边城——饶河县

朝阳起，生机无限的乌苏里江

夕阳下，静谧的乌苏里江

饶河南湖湿地

乌苏里江风光

饶河小南山，藏身仙境中

饶河南湖湿地

饶河南湖湿地

饶河县雪中白桦林

江畔春水寒，水上鸳鸯娟

（一）小南山玉文化摇篮

饶河县城东南处，有一座名叫“小南山”的孤立小山，约20层楼高，山体形如鲸鱼，游动在完达山和锡霍特山之间，流淌不息的乌苏里江在其东侧山脚下穿流而过。就是在这座不起眼的小山中诞生的考古发现，入选了“2019年度全国十大考古新发现”，有专家称其为“东亚玉文化的曙光”。近年来，黑龙江省考古人员在山中的几十处墓葬坑中连续考古挖掘出土各类文物上万件，属于新石器时代、青铜时代和早期铁器时代多个时期，跨度达15000年，勾勒出了乌苏里江流域先民的早期生活样貌。

用“玉”破天惊形容小南山出土的玉器一点也不为过。小南山遗址发掘出土包括玉玦、环、管、珠、扁珠、璧饰、锛形坠饰和玉斧等玉器200多件，经科学检测为9000年前的玉器，因此构成了迄今所知中国最早的玉文化组合面貌，尤其玦饰、玉管、璧饰等文物。

玉文化是中国特有传统文化组成部分，饶河县小南山遗址所出土的大量玉器，增添了东北亚地区玉石文化的新概念。有专家表示，“此前中国最早的玉器的考古证据是在内蒙古赤峰市附近的兴隆洼文化遗址发现的，距今8000年左右，小南山考古发现把这个年代又提前了1000年”。最重要的是，在地理位置上，这一发现又向北推进了1000多千米，颠覆了以往对玉器起源的认知。此外，这些玉器上多见砂绳切割技术留下的弯曲条形痕迹，此为目前世界最早的发现，比中美洲同类技术早6000多年。砂绳切割技术后来成为红山、良渚玉工的主打工艺，奠定了中华玉器文化早期蓬勃发展的技术基础。

值得关注的是，在小南山遗址出土的饰物中，软玉占半数以上，在玦、环、匕等重器中比率更高。也就是说古代的小南山人对软玉的重视跃然于物上，将其赋予了巨大的象征性意味，重玉轻珉的观念已经形成。据了解，人类社会两大最高核心价值体系分别为：西方黄金、东方玉器。前者形成于6000多年前，后者迟迟未有定论。小南山遗址玉器的发现，确立了东方比西方的社会文化价值观念早熟了二三千年之久，对了解近万年以来早期玉器的

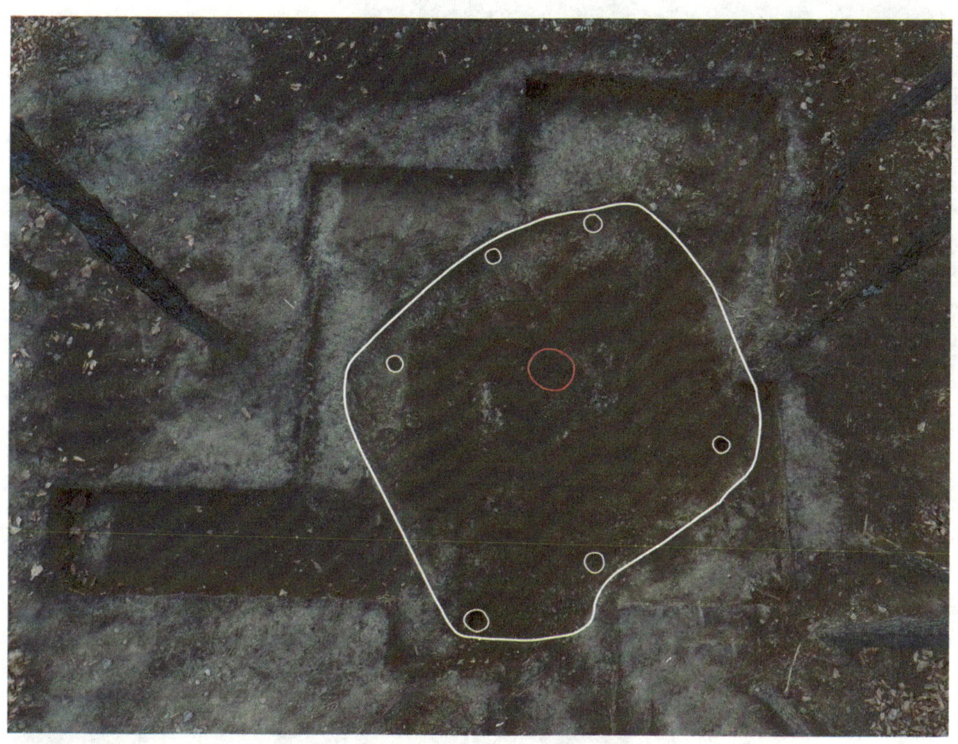

小南山遗址

桂叶形石器，国家一级文物，也是双鸭山地区唯一一件国宝级文物，是目前国家发现的最大一枚桂叶形石器，是作为一种礼器所使用的，是用石头打磨压制而成的，非常精美而且是非常的罕见，这是在1965年的时候，建筑南山纪念碑在深挖地基时发现的这么一枚桂叶形石器

玉斧小南山出土的玉器，是王权的象征，代表他对部落的成员持有生杀大权；玉匕代表军权，表示可以带领部落去征战；玉珠、玉环代表财富，表示在部落中有一定的地位

小南山遗址考古现场出土的玉器

坨窑山东麓发现抗联时期重要遗物

形制和制作技术，探讨中国古代玉器文化起源和传播开辟出新的路径和更广阔的视野。

目前，饶河县正在加快编制小南山遗址规划，推进遗址的有序保护和开发利用，通过整合小南山文化资源、民俗资源等，丰富优质旅游产品供给，打造具有影响力的中国及东北亚最早的玉器文化名片。

（二）赫哲族民俗之乡

“乌苏里江来长又长，蓝蓝的江水起波浪，赫哲人撒开千张网，船儿满江鱼满舱……”《乌苏里船歌》的这段歌词描绘的是赫哲族群众从原始渔猎到生活富足的劳动场景。

作为全国仅有的 3 个赫哲族乡之一，饶河县四排赫哲族乡建于 1986 年，位于饶河县东北乌苏里江西畔，东与俄罗斯隔江相望，边境线长 12 千米，距县城公路 21.5 千米，区域面积 52 平方千米。全乡辖区四排、曙光、平原、东河 4 个行政村以及国营马架子林场，总人口 1786 人。其中，赫哲族 109 户 201 人，除赫哲族外，还有满、蒙古、回、朝鲜、土家族等少数民族，有《乌苏里船歌》诞生地、华夏祈福第一乡之称。因森林植被、田园风光、赫哲民俗等原生态风貌的良好保持，四排赫哲族乡还被确定为“国际休闲垂钓基地”和“全国生态文明乡”。

“赫哲”是满语，大意是指“东方的人们”，是我国人口最少的民族。赫哲族历史悠久，与中国东北的古代民族“肃慎”“挹娄”“勿吉”“女真”等有着密切的族源关系，清代的“黑斤”“赫哲哈喇”即是赫哲族的先民。

赫哲族人以捕鱼和狩猎为生，早年渔猎时住一种叫“撮罗昂库”的草房，又称“撮罗子”或“斜仁柱”，是用木杆搭起的尖顶屋。赫哲族的服饰，有用鱼皮做成的鱼皮长衫、鱼皮套裤，有用狍皮、鹿皮做成的兽皮衣，以及用桦皮做成的桦皮帽。赫哲族还有独特的伊玛堪传唱、萨满舞、鱼皮画、桦树皮画、开江节、河灯节、乌日贡大会等文化习俗，这些别具特色的民族文化和生活方式具有极强的吸引力和感染力，是四排赫哲族乡打造乡村旅游品牌、走农旅文融合发展之路的特有民俗资源。

近年来，四排赫哲族乡积极打造特色餐饮基地、休闲养生度假区、新村民宿和江畔自驾车营地等基础设施，推出了赫哲手工艺品制作体验、赫哲传统体育项目体验、赫哲民俗文化教学体验、赫哲传统捕捞垂钓体验、马场岛滩涂野炊体验、江米加工体验、庭院菜园子采摘体验等多个特色主题项目，逐渐形成了独具赫哲族民俗风情的旅游模式，吸引着全国各地的游客来到饶河。

四排赫哲族乡俯瞰图

四排赫哲族乡风貌图

四排赫哲族风情园图腾

四排赫哲族风情园一角

四排赫哲族乡伊尔嘎风车花海园

饶河开江节，赫哲族萨满祈福、祭祀

四排赫哲族人制作鱼皮挂件

四排赫哲族人喜获第一条鱼

四排赫哲族村民捕鱼归来

2022 年 6 月，《乌苏里船歌》作词者胡小石重游四排赫哲族乡，与村民合影留念

（三）红色故里抗联精神永流传

革命老区是党和人民军队的根，是中国人民选择中国共产党的历史见证。老区和老区人民为我们党领导的中国革命做出了重大牺牲和贡献，我们要永远珍惜、永远铭记。

饶河是革命老区，饶河人民具有抵御外来侵略、捍卫国家主权的光荣传统。20 世纪 30 年代，东北抗日联军第七军始建于此，这是我们党在乌苏里江流域拉起的第一面军旗，抗联七军与侵华日军在饶河开展过多次激战，抗日将领崔庸键、陈荣久、李学福、陈雷、李敏等都在这里留下了战斗足迹。其中，抗联七军创始人首任军长陈荣久、第二任军长李学福（在饶河战斗时曾用名李葆满）、时任东北抗联第二路军第二支队队长王汝起等无数抗日将士牺牲在这块土地上。为缅怀和纪念饶河东北抗联将士，饶河县政府在 70 年代中期规范饶河镇街道域名时，将饶河镇新阳路东侧南北走向的相邻两条街道分别命名为荣久街和葆满街，现更名为荣久路和葆满路。

20 世纪 60 年代，震惊中外的“珍宝岛事件”就发生在饶河。珍宝岛地处饶河县与虎林县交界的虎林县一侧，行政区划虽属虎林县，但在军事辖区上却属饶河县。因此，从 1962 年至 1969 年 9 月 11 日，在长达八年之久的反干涉斗争及支援前线和珍宝岛自卫反击战中，饶河人民戍边保国，为国家、为前线、为胜利做出了无私的奉献和巨大的牺牲。饶河人民这种无私奉献、勇敢顽强、克敌制胜的爱国主义精神，充分展示了“军民团结如一人，试看天下谁能敌”这一颠扑不灭的真理。

从第三次全国文物普查至今，饶河县依据革命文物登记标准经过详细调查和鉴定，共登记不可移动革命文物 12 处，分别为暴马顶子密营地、花砬子密营地、三义村饶河革命烈士陵园、饶河县抗日游击队纪念碑、李学福军政干部培训班遗址、陈荣久烈士埋葬地、王汝起烈士牺牲地、西风嘴子战绩地、新兴洞战绩地、坨窑山抗联密营地、大牙克林场珍宝岛自卫反击战防空洞、向阳营林站珍宝岛自卫反击战防空洞。其中三义村饶河革命烈士陵园位于饶河镇团结水库北侧，在这里安葬着陈荣久等 21 位革命烈士。

为传承红色基因、宣扬红色文化，饶河县积极发掘、利用红色革命资源。如饶河县小南山风景区内的饶河抗日游击队纪念碑，是全国重点烈士纪念建筑物保护单位，也是重要的爱国主义教育基地，来饶河观光旅游的人们游览小南山景区时，都会在耸立的饶河抗日游击队纪念碑前凭吊抗日英烈，表达敬仰之情，增添爱国主义情怀；大顶子山省级森林公园所在附近山脉是抗联七军战斗过的地方，抗联七军的许多著名的战斗都发生在这群山峻岭之中，景区内设置了东北抗联军简介牌匾，给观光游客留下了深刻印象；饶河博物馆的红色革命展厅介绍和陈列了饶河建党史、抗联七军战斗史、日军侵华罪证史、珍宝岛保卫战史等史实、图片及抗联军锅、枪支、文件等革命历史文物，并在七一党的生日、八一建军节、十一国庆节等重要节点，开展专题展览，吸引广大青少年和参观游客在此接受爱国主义教育。

六轮手枪，它被定为我们国家的三级文物，整个枪的枪体都是镏银的，这款枪比较小，我们猜测它是女士所使用的一个手枪

饶河县小南山烈士纪念碑

2023 年 9 月 30 日，在全国第十个烈士纪念日当天，饶河县在饶河抗日游击队纪念碑前举行烈士纪念日向英雄烈士敬献花篮仪式

为缅怀革命先烈，弘扬优良革命传统和爱国主义精神，饶河县在清明节当天举办全民祭扫活动

为庆祝中国共产党成立 100 周年，进一步密切党群干群关系，不断增强党的向心力、凝聚力和战斗力，饶河县博物馆特举办“县新时代文明实践中心党建文化展”

为深入贯彻落实省、市“能力作风建设年”活动要求，充分发挥饶河县博物馆爱国主义教育基地作用，进一步缅怀抗战英烈的光辉业绩，传承抗联精神，赓续红色基因，县博物馆特举办“喜迎党的二十大——抗联七军抗战史专题展”

饶河县在百合广场开展红色文化及民俗文化宣传活动

在建党 98 周年来临之际，饶河县博物馆特举办“不忘初心 牢记使命——党旗、党徽、党章”专题展

为了让广大未成年人更加深刻地认识端午节，亲身感受中国传统节日的文化内涵，激发爱国主义情感，弘扬中国优秀传统文化，饶河县博物馆举办“我们的节日”——“浓情端午　香聚饶博”端午节主题活动

二、红旗飘扬谱写社会主义建设史诗

新中国成立以来，在中国共产党的坚强领导下，全国各族人民团结一心，迎难而上，开拓进取，奋力前行，开始了改造山河、建设祖国的伟大壮举，饶河这座边陲小城也随之发生了翻天覆地的变化。

（一）筚路蓝缕开辟北国粮仓

一部北大荒的发展史，就是一部以奋斗铸辉煌的壮丽史诗。饶河作为北大荒沧海巨变的具体成果，正彰显了“自力更生、艰苦创业、勇于开拓、甘于奉献”的北大荒精神的宏伟巨力。

1947 年，按照党中央“关于建立巩固的东北根据地”的重要指示，一批来自延安等革命根据地的“拓荒者”来到黑龙江，拉开了北大荒开发建设的序幕。北大荒，顾名思义，因“荒芜”而得名，因地处高寒地区，北大荒，每年有三分之二的时间处在冰霜期，极端低温可达零下 40℃，要在这样的荒原种出粮食，艰难程度难以想象。从 1954 年起，北大荒进入大规模开发时期，王震率领数万名解放军复员官兵、知识青年和革命干部在北大荒屯垦戍边、垦荒建场。

在这一时期，以饶河东安镇为中心，用中国人民解放军 8509 部队的代号为名称，正式建立了八五九农场。在铁道兵农垦局领导下，八五九农场发扬艰苦奋斗精神，在当地农民的帮助下，伐木、割条子，很快搭起了简易马架用来住宿。时值严冬，天特别寒冷，大雪频降，朔风怒吼，风雪过后，道路堵塞，住房被掩埋，从屋里往外挖洞方可通行。初建的草房，四面透风，早晨起床，被子上结了一层冰霜硬盖。“早起三点半，归来星满天，啃着冰冻馍，雪花冰就饭。”这就是饶河八五九农场生产生活的真实写照。时至今日，八五九农场已划分为八五九、饶河、胜利三个农场。这些农场地理位置优越、自然资源丰富，放眼望去，尽是大农田、大湿地、大森林、大界江，不仅筑牢了共和国的大粮仓，更展示出一片新时代独特的北国风光。

1958 年 8 月，饶河八五九农场引进的第一台收割机

1960 年，饶河八五九农场引进的第一批东方红拖拉机

饶河下辖农场建场初期的农业机车作业场景

建场初期饶河八五九总场办公楼

2023 年 9 月 21 日，饶河八五九农场举办“庆丰收　促和美”2023 北大荒丰收嘉年华

饶河八五九农场机械化收割的丰收景象

饶河八五九农场现代化机器作业集中作业收获玉米

饶河八五九农场种植区稻田画

饶河下辖农场百台收割机收获水稻的场景

穆文亮，曾任饶河八五九农场第一生产队队长，2002 年，被评为全省劳动模范；2006 年，荣获全国五一劳动奖章；2010 年，荣获“全国劳动模范”光荣称号

葛柏林，2003 年，被评选为全国首届十大种粮标兵，是全国农垦系统中唯一入选的，并获得由农业部奖励的天津产“724”胶轮拖拉机一台。建成的鳌花岛橡树园原生态旅游度假村，2012 年，被评为国家 AA 级旅游景区；2015 年 8 月，被国家旅游局授予中国乡村旅游模范户

李岩，现任饶河红卫农场有限公司农业发展部总经理，2022 年，荣获“黑龙江省劳动模范”称号

与开发建设北大荒同步同向，东北解放以后，饶河域内各村落的农业生产也随之复兴，水稻种植面积大幅增长。土地改革以后，饶河更是推行了“组织起来、发展生产”的土地政策，真正实现了耕者有其田，土地面积当年增加 5200 余亩，至 1955 年，全县耕地面积增加到 73800 余亩，粮食单位面积产量达到 233 斤，总产量达 1600 万—1670 万斤。推行农业集体化后，饶河充分发挥土地连片、统一区划、统一排水治涝、合理轮作、便利机械耕作等集体农业优势，减轻了农民的劳动强度并有效推动了新技术的普及。至 1985 年，共开垦土地 30 万亩，耕地面积扩大一倍以上。

（二）固边兴边护卫北国边疆

饶河作为边疆地区，是我国对外开放的前沿，是展示国家实力和形象的窗口，更是确保国土安全和生态安全的重要屏障。在饶河县委、县政府的领导下，饶河人民坚决扛起维护国家国防安全重大责任，边境线上无数个的饶河守边人，用自己血肉的身躯，铸成一道强边固防、戍守疆域的城墙，不仅护卫了千家万户，更用那保家卫国的深情感染着我们，激励着我们，鼓舞着我们，奋发奔赴新的征程。

多年来，饶河县逐渐建构形成了县级牵头抓总、涉边管边部门分工负责、抵边乡镇农场具体落实的三级联动管控责任体系。在县级统筹层面，逐步建立涉边管边部门常态化协作机制和信息共享机制，及时沟通联络、共享边境管控信息动态，协商解决矛盾问题。在部门负责层面，公安、边境管理大队、渔政及外事等部门按照任务分工，认真履行守护辖区稳定、分管水面驻勤、做好双稳工作、打击违法捕捞等职责，构建多元主体齐抓共管的边境治理体系。在基层落实层面，各抵边乡镇、农场严格履行属地责任，统筹边境管控各项工作，构建乡镇领导包保抵边村屯、农场领导包保抵边连队、村屯党员干部包保到户到人的“三线联防”工作机制。

强边固防，人人有责。军警民合力强边固防，是新中国边防的独特优势，也是制胜法宝。饶河多年来积极强化军警民合力强边固防，全力构建整体联动、快速响应的边境联防联控格局，筑牢 128 千米坚固稳定的边境防线。驻饶河部队根据辖区边民、渔民、外来人员等活动规律，结合不同时期执勤特点规律，分别制定明水期、封冻期管控方案，有效消除边境风险。边境管理部门聚焦“防偷渡、防走私、防贩毒、防越界、防非法出入境”重点任务，着眼饶河边境特点，创新打造全新边境管控体系，规划搭建了人力查缉、视频监控“两个防控圈”，布设社区网格、边境巡逻、军警联勤“三道防线”，集中优势力量严看死守易发越界重点部位，实现“五个严防、三个确保”目标。护边员、民兵始终紧盯管控薄弱地段加强巡查，强化有违边前科、捕鱼狩猎爱好等涉边重点人群管理，加大外来人员信息核查，落实外来人口留宿 24 小时报备、民警 48 小时见面核查规定，全面掌握涉边重点人员基本动态。

此外，饶河以抵边乡镇、村屯、连队党员领导干部为主，建强党员先锋岗、党员先锋护村队、边境巡逻队等联防队伍，并通过持续多年的宣传引导，

2022 年，中共饶河县委边防委员会办公室获评“黑龙江省边防工作先进集体”

2023 年 8 月 8 日，双鸭山市委书记邵国强深入饶河县边境一线巡边踏查、督导调研边境管控工作

边境治安无小事——边境管理大队开展边境巡防工作

边防人员和志愿者联合巡航

2023 年 3 月 31 日，饶河县在县新时代文明实践广场组织开展 2023 年“边防政策法规学习宣传月”活动

2023 年 4 月 21 日至 27 日，饶河县集中开展 7 天“三无”船只专项整治行动

逐步提升了全县各领域群体护边守法意识和国界意识，在边境辖区持续营造高压严打氛围，密织了防控网络、拉长了防控链条。在全县党政军警民的共同努力下，饶河始终保持社会稳定、边防巩固的良好局面，担负起了守好祖国“北大门”的神圣使命。

（三）经济腾飞塑造蓝江绿城

改革开放的春风唤醒了沉睡的黑土地，饶河的田野焕发出新的希望，从“凭票购物”的计划经济到物资供给的极大丰富，从尘土飞扬的马路到景观怡人的街区，从传统的粗放农耕到绿色的现代化生产，改革开放使饶河获得了大发展的机遇，为饶河城乡大变样奠定了基础，更为饶河人民从贫穷走向富裕指明了道路和方向。

改革开放后，经过实行家庭联产承包责任制，饶河县农业和林业的生产力上一个新台阶，商业经济也逐步建立起来，到 20 世纪 90 年代，饶河县的人均产粮在全国位居前列，作为北国粮仓为国家的粮食安全做出了重要贡献。1993 年，饶河县被国家批准为“大豆生产基地县”，1998 年，被国家批准为“全国生态示范区建设试点地区”。饶河县的农业发展，也受到了多位中央高级领导干部的重视，农垦部部长王震、副部长肖克，水电部部长钱正英，国务委员陈俊生先后视察过饶河县农业的开发。2000 年，时任国家主席江泽民同志视察了建三江农管局所辖的饶河县北部的国营农场。目前，饶河区域耕地 483 万亩（县属面积 136.5 万亩），是黑龙江省重要的商品粮生产基地，被欧盟有机食品组织认证为有机食品生产基地，是国家级食品农产品质量安全示范区。

随着经济的快速发展，饶河的城乡建设也不断完善。作为全国唯一一个坐落于界江江畔的县城，饶河现如今已经建成为街道平坦、楼房栉比、亚欧风格交融的优美小城。走出饶河县城，到处是一片片翠秀景色，在诗情画意的千鸟湖湿地可以闻花香、听鸟鸣、赏美景，在绿树成荫的小南山可俯瞰江水环绕、洲岛错落，在四排赫哲族乡能观看民俗表演、体验赫哲风情，驻

1983 年饶河鸟瞰图老照片

2006 年饶河街景

2015 年的饶河

2022 年饶河一角

2020 年的饶河

实施新农村建设工程

中俄商贸中心

2019 年 7 月，省长王文涛深入饶河县调研

9 月 3 日，中国联通集团公司党组副书记、董事李福申一行到饶河县就定点帮扶工作进行调研

2023 年 7 月 20 日，中国扶贫发展中心主任、研究员黄承伟带领中国扶贫发展中心调研组到饶河县就农旅文融合发展、农产品营销、红色旅游等方面工作进行调研指导

2023 年 10 月 1 日，省委书记、省人大常委会主任许勤到饶河县宣讲习近平总书记视察黑龙江省期间的重要讲话重要指示精神

足大顶子山放眼望去，饶河的湿地、山峦、江水间尽是一望无际的麦浪沃野……如今，“蜜淌乌苏里·鱼跃赫哲乡”的饶河形象正在逐步树立，吸引了全国各地游客纷至沓来。

三、与党同心绘制新时代伟业蓝图

经过长期努力，中国特色社会主义进入了新时代。这个新时代，是承前启后、继往开来、在新的历史条件下继续夺取中国特色社会主义伟大胜利的时代。进入新时代的饶河人民再一次吹响了追求发展的号角，继往开来，解放思想，改革创新，锐意进取，用一项项务实的举措和丰硕的成果，不断续写新的辉煌！

（一）携手共进谱写民族团结之歌

乌苏里江畔，赫哲族的党员群众唱起伊玛堪、跳起天鹅舞，岭南朝鲜族民俗园内，朝鲜族的党员和村民们共同献上阿里郎民歌和传统长鼓舞，质朴的歌词、欢快的节奏、曼妙的舞姿，充分表达了各族群众对祖国母亲的祝福和对民族团结的热情。

近年来，有 22 个民族、1 个赫哲族乡和 3 个朝鲜族村的饶河县，以铸牢中华民族共同体意识为主线，不断夯实创建全国民族团结进步示范县的物质基础，在东北边疆大地上绘就了一幅民族一家亲、共筑中国梦的美好画卷。

饶河县突出宣传引领，充分发挥当地各民族交往交流交融历史、文博资源等特色优势，全力打造民族团结创建品牌，积极汇集边疆民族团结更多同行者。通过“民族团结＋互联网”，民族团结课堂被搬到了“云端”，抖音、微信公众号上也有了饶河民族团结进步的好经验；通过“民族团结＋阵地”，民族团结主题展示馆、新时代文明实践中心（站、所）等宣传主阵地作用充分发挥，红色历史资源得以深度挖掘和开发；通过“民族团结＋载体活动”，开江节、河灯节、开耕节、民族歌舞会演、食鱼文化美食节等民族活动连续举办，为各民族同胞交流交往交融创造良好氛围。

一首歌、一个人、一条江、一座山、一边城，饶河的历史、文化、民族要素资源充分发掘，展现了边疆地区各民族像石榴籽一样紧紧抱在一起的历史渊源和伟大精神。

饶河县突出发展要务，坚持用发展增进民生福祉、促进民族团结，凝聚边疆民族团结强大向心力。抓住“产业发展”，整体推进农旅文融合发展和重要节点项目建设，通过产业做强做大带动各族群众稳岗就业、收入增长；抓住“项目建设”，实施一批事关长远发展的重大基础设施建设，推动农田水利、数字经济、乡村振兴、生态环保等重大工程项目，积极改善各族群众生产生活条件；抓住“民生改善”，实施教育惠民、文化惠民、社会保障等民生工程，健全完善就业创业、医疗保障、养老保险、社会救助等保障体系，民族乡村实现农村合作医疗全覆盖，参保率达 100%；抓住“基层治理”，充分发挥党委统一战线工作领导小组统筹协调民族工作的作用，整合各类资源形成促进民族团结的合力。

最强大的力量，是同心合力；最有力的举措，是凝心聚力。2022 年，饶河荣获黑龙江省民族团结进步示范县荣誉称号。今后，饶河县各族群众将一如既往“共同团结奋斗、共同繁荣发展”，创建全国民族团结进步示范县，努力谱写铸牢中华民族共同体意识的“饶河样板”。

（二）求真务实脱贫攻坚硕果累累

“小康路上一个不能掉队”，让贫困人口和贫困地区同全国人民一道进入全面小康社会是党的庄严承诺。

责重山岳，时不我待。一场奋发图强拔穷根、决战贫困落后的战鼓在饶河的大地上铿锵作响，饶河广大党员干部发出了“决战贫困”的宣言。全县 38 名处级领导干部对 9 个乡镇全部贫困村进行全方位包保，88 个县级部门、32 个市级部门、5 个省级部门的 700 多名帮扶干部全部下沉到农村，从县级党政班子到农村基层党组织、村级“两委”、全县广大党员干部群众，同心勠力、风雨同舟，凝聚一切脱贫力量、一切扶贫资源，携手共筑不可阻挡的攻坚力量。

因症施策，坚冰打破。饶河贫困人口中有 74.6% 是因病致贫，为彻底拔去这一“病根”，饶河全面实施“先诊疗后付费”、“一站式”即时结算，牢牢扎紧健康保障大网。健康扶贫情系民生福祉，温暖万家灯火。

百年大计，兴教为先。为了贫困家庭的孩子们有书读、读好书，饶河县以“助、贷、免、补”的方式全面推行教育帮扶。实现了教育路上一个都不能少，一个不掉队。

因地制宜，精准发力。饶河坚持宜工则工、宜商则商、宜农则农、宜就业则就业扶贫原则。2016 年以来，累计开发农村公益岗位 97 个，农村务工 8.4 万人次，发展庭院经济 341 户。

锲而不舍，金石可镂。饶河大力推进全县农村基础设施建设，建设农村公路 268 千米、贫困村内路 1000 余千米、饶盖公路 81.13 千米，建设完成文化广场 50 个、村卫生室 58 个，村民们吃上了安全放心水，居住环境焕然一新，文化生活精彩纷呈，公共服务不断提升，农村生产生活条件全面改善。

不忘初心，使命光荣。在这场战役中，党的凝聚力、政府的公信力更加强大，干群关系更加密切，党员干部的作风更加优良，群众的生活更加幸福，党员干部与人民群众更加情深意切。

2018 年 8 月，黑龙江省政府批准饶河县摘帽退出。“脱贫摘帽”不是终点，小康路上不能落下一个群众。饶河的帮扶政策一丝不变，帮扶力度一毫不减，扶贫措施一个不少，扶贫干部一个不撤，饶河这片土地上满是用真心、出真招、扶真贫的感人故事。2019 年年底，饶河建档立卡贫困人口实现全部脱贫，脱贫率达到 100%。饶河脱贫攻坚成果主要体现在五个全覆盖，贫困人口“两不愁三保障”全覆盖，对接帮扶全覆盖，产业帮扶和利益联结全覆盖，全县所有 79 个行政村“三通三有”全覆盖，综合性保障政策全覆盖。

脱贫攻坚，实现了饶河人民对明天美好生活的强烈期盼，这场战役所凝聚的宝贵精神财富必将推动饶河继续高质量发展，在实现中国梦的伟大征程中乘风远航。

（三）乡村振兴大船迎风启航

“脱贫摘帽不是终点，而是新生活、新奋斗的起点。”2021 年 2 月 25 日，全国脱贫攻坚总结表彰大会上，习近平总书记发出了乘势而上、再接再厉、接续奋斗的号令，为全面推进乡村振兴、加快农业农村现代化注入了新的动力。

饶河县紧跟时代步伐，在切实做好巩固拓展脱贫攻坚成果同乡村振兴有效衔接各项工作的同时，不断完善政策体系、工作体系、制度体系，以更有力的举措、汇聚更强大的力量推动乡村振兴，促进农业高质高效、乡村宜居宜业、农民富裕富足。

城乡基础建设日新月异，不断为百姓生活幸福画卷增色添彩。饶河完成了 18 个老旧小区改造、20 座换热站新建以及城区新排水管网建设，实现了 1.2 万吨深水井自来水厂竣工通水，申请专项债券资金 1.74 亿，启动了县人民医院新建、饶河县人民医院综合能力提升建设项目，解决了很多长期以来困扰群众生活的民生问题。饶河还完成了百合广场改造、饶河岛生态恢复、城市绿化、市政道路修缮等工程，使群众休闲娱乐条件进一步提升。饶河扎实推进美丽乡村建设，建设市级乡村旅游示范村 1 个、特色引领示范村 2 个、嬗变整洁示范村 2 个，乡镇卫生院和村级卫生室均达到标准化水平。随着饶河城乡建设步伐的加快，为县域经济社会高质量发展提供了良好的硬件基础。

城乡融合发展突飞猛进，不断为乡村振兴注入绿色发展新动能。饶河始终保持生态文明建设的战略定力，在保护和改善生态环境质量上持续发力、久久为功，打造青山常在、绿水长流、空气常新的生态边城。以生态优势资源为依托，饶河实施了高标准农田、小型农田水利等农业基础工程，到 2023 年，打造饶河大米地理标志农产品示范基地 2 个，科技示范样板 3 个，推动达霖酱业加工、绿色有机粮食加工厂等项目竣工，使粮食和绿色食品加工企业发展到 40 家。实施“农旅文”融合发展，打造集现代农业生产示范、生态、红色、民俗、农业旅游体验等于一体的多个产业项目也已初见成效。置身饶河，青山绿水、稻浪无垠、民俗多彩、产业蓬勃，一幅农户安乐、农业兴盛、农村发展的丰收画卷徐徐展开。

全面推进乡村振兴的号角已经吹响，饶河现代化建设的蓝图已经绘就。饶河面临的发展环境既充满机遇，也面临着挑战，以推动县域高质量发展实现乡村振兴为主题，饶河必将在“十四五”新征程的重要关口，在产业、人才、文化、生态、组织等五大领域取得新突破、新发展、新成果。

新征程新饶河

第二章

蓝蓝的江水起波浪

一、新征程新饶河的历史方位

（一）边疆生态高质量保护明珠

“饶河”因挠力河而得名，挠力系满语发音，有“禽鸟众多之地”之意。饶河县拥有森林、湿地、草原等多种生态样貌，自然资源极为丰富，全县耕地面积稳定在 470 万亩以上，水域宜渔自然水面达 12 万亩，所临乌苏里江是中国目前少数全域未有任何污染的河流。饶河拥有东北黑蜂国家级自然保护区、大佳河省级自然保护区、挠力河国家级自然保护区、千鸟湖湿地自然保护区四个自然保护区。绿色原生态的自然环境使饶河县成为全国首批命名的 9 个“天然氧吧”之一，先后获得“国家级生态示范县”“中国十佳宜居县”“全国旅游标准化示范县”等称号。

2002 年 3 月，饶河县被国家环境保护总局授予“国家级生态示范区”称号

2022 年 11 月，饶河县被国家生态环境部命名为第六批“生态文明建设示范区”

树木丛生，百草丰茂

青山绿水饶河游

绿草香甜羊儿肥

湿地公园鸟归巢

基于县域内优质的生态资源条件，饶河致力于打造生态保护高地，坚持生态立县。饶河县以创建国家森林城市为战略引领，突出“规划先行、保护为主，兼顾开发、科学实施”的生态保护方针，全面统筹县域内地方、农垦、森工三大生态治理主体，联动三方资源协力保护县域生态环境。饶河县扎实推进生态文明建设，筑牢生态安全屏障，着力构建以防治结合为重点的环境保护体系、以人与自然和谐为基础的生态生活体系、以多元共治为目标的生态制度体系。

饶河县注重山水林田湖草一体化治理和保护，全面推进河湖建设质量和长效管护，建立全域覆盖、全面履责、全力落实的生态保护网格化管理体系，县域内河湖空间管护不断得到加强，水质持续改善，水生态持续修复，水环境质量持续好转，促进了县域经济社会高质量发展。

（二）“双循环”格局重要节点

饶河县作为边境县，具有明显的口岸优势。饶河口岸位于饶河镇南部，与俄比金口岸相距 760 米，距比金市 17 千米，是内地通往俄罗斯远东地区的重要门户，也是对俄哈巴罗夫斯克地区唯一的陆运和冬季过货的国家一类客货口岸，客货运输条件得天独厚，可直接参与国际贸易。基于得天独厚的地理位置优势，饶河县坚持促进“国内循环”和“国外循环”协调发展。

饶河县坚持兴边富民多民族共同富裕发展理念，以加强商业体系建设作为推动县域经济发展与治理现代化的新思路和新战略，结合农业产业和边境口岸优势，以农村电商发展和进出口贸易增长为驱动力，以招商引资充实发展力量，形成统筹建设与创新发展的新局面，实现两个循环相互促进。

一方面，饶河县结合自身实际，以做好服务链为抓手，建设线上商城、强化电商公共服务体系建设和现代物流体系建设，打造“饶河东北黑蜂”“饶河大米”等一批区域公共品牌，制定区域公共品牌规划及饶河东北黑蜂蜂蜜产品质量标准，增强产品的国内市场竞争力。另一方面，饶河利用独特的区位优势，对加强中俄区域合作，为构建黑龙江陆海丝绸之路做出贡献。通过

饶河口岸

黑龙江省饶河口岸冬季浮箱固冰通道

2023 年 6 月 14 日，市委常委、县委书记姜宇峰会见俄罗斯波扎尔市政区行政长官

2019 年 12 月 25—27 日，县对外联络合作交流中心与俄比金市政区经贸代表团举行项目合作洽谈

利用饶河中俄互市贸易、建设中俄互市贸易区，饶河加强了中俄区域经济贸易，推动国外循环与国内循环的互补与相互促进。

（三）中俄文化交流示范窗口

饶河县具有独特的地位位置，作为中俄交往互通的重要关口，也是中俄文化交流的重要示范窗口。饶河县拥有深厚的历史文化积淀，吸引着不同国家和地区的游客，饶河县主要有三组著名的历史文化名片。

一是中华玉文化，小南山遗址是饶河县玉文化的集中反映，其位于黑龙江省饶河县乌苏里江岸边的一座孤立的马鞍形山体上，是目前在乌苏里江流域发现的最重要的多时期古代遗址，遗址总面积 40 余万平方米。目前该遗址发掘总面积 3000 余平方米，包括：新石器时代早期墓地、墓葬；旧石器过渡时代居住址、石器加工场；新石器时代晚期聚落址；以及青铜时期、汉代聚落址等。其中小南山遗址发现了迄今中国北方最早的墓地、最早的房址、最

小南山出土的玉器

四排赫哲族乡举办“开江节”活动，祭祀河神

在农家书屋教授鱼皮画制作

早的陶器。还发现了世界上最早的和最多的一批玉器。对研究黑龙江史前时期的文化谱系、技术演化、经济形态、社会状况和东北亚区域文化传播等都具有重大的学术价值。

二是赫哲文化，早在 1416 年就有了赫哲族先祖定居饶河的记录，目前县域内的四排赫哲族乡是全国仅有的三个赫哲族乡之一，赫哲族的独特伊玛堪传唱、萨满舞、鱼皮画、桦树皮画、开江节、河灯节、乌日贡大会等文化习俗具有极强的吸引力和感染力。20 世纪 60 年代，郭颂、汪世才、胡小石等人到四排采风，根据赫哲族民歌创作了著名的《乌苏里船歌》。

三是抗联红色文化，饶河是东北抗联重要根据地之一，是抗联第七军主要战斗的地方，曾经涌现出陈荣久、李学福等多个抗联英雄。中华人民共和国成立后，饶河县因 1969 年的珍宝岛战役驰名中外，附近的珍宝岛也成为全国著名的爱国主义教育基地。东北抗联精神是东北抗联将士在白山黑水之间，在生与死、血与火的磨砺中，铸就的以“勇赴国难、自觉担当、顽强苦斗、舍生取义、团结御侮”为主要内涵的精神，是激励当代饶河人艰苦奋斗的伟大精神法宝。

红色故事：奇袭小南河警察队

大顶子山下小南河一带是饶河八道沟之一，1934 年日本侵略军侵占饶河后，这里就成了我抗联游击队开展游击活动的主要地区。1938 年 7 月，日本鬼子从本溪和海龙县抽调了 60 多人成立了小南河警察队。警察队进驻后，便用刺刀逼着散居在沟里的老百姓并屯，归集团部落，把佛寿宫改为小南河村，实行保甲连坐。鬼子妄图用这种毒辣手段把抗联围死在深山老林之中，于是抗联决定坚决拔掉小南河警察队这个钉子。

早在 1936 年，抗联游击队在小北沟山坡上挖了一个地窨子，用作转送情报和给养的联络点。后来这个联络点被小南河警察队发现了，就派了两个警察监视。伪警察队进驻小南河村后的一天，游击队派人去取小北沟群众送去的给养，为确保安全，又派了十名战士暗中保护。当取给养的同志进入地窨子时，两个警察便突然堵住了门口。与此同时，在暗中的十名战士“唰”的一声把枪口对准了两名警察。这两名警察吓得面如土色，举手缴枪。

这两名伪警察一个叫王庆奎，是机枪射手，另一个叫张玉华，他们远离家乡亲人，在警察队里不仅生活艰苦，还要受队长和日本人的气，更担心哪天碰上抗联，连性命也保不住。警察队里人心惶惶，根本没有什么战斗力。我游击队了解这一情况后，当即给这两名警察指出三条路：愿意回家我们给路费，愿意死心踏地给鬼子卖命就回去当警察，愿意参加游击队就跟我们走。王庆奎没想到抗联这样优待俘虏，感激地说：“我俩还是先回去，我们也是中国人，也不愿甘心当亡国奴，有机会我们一定为抗日救国出力。”于是我抗联就放了他们。王庆奎回伪警察队之后，把这段经历悄悄地告诉给了几个要好的伪警察，这样抗联大义凛然救国救民的威名，便在伪警察中间传播开来。队伍中有个叫张奎五的，关队长倚仗权势强行霸占其妻，当听到王庆奎、张玉华所说的情况后，便借上山捡木耳的机会找到了抗联，将敌警察队武装情况向抗联报告，并表示豁出性命愿当内应。

为了克敌制胜，我抗联决定派刘殿岭同志深入敌巢——小南河村侦察敌情，刘殿岭同志接受任务后，曾多次到小南河村北头的大烟馆和张奎五、王庆奎等人接头。鼓励他们坚决走抗日救国道路，并一再叮咛他们不可轻举妄动，等待时机，做好内应，杀敌立功。

抗联七军领导同志根据已掌握的情况和刘殿岭同志的汇报，决定由七军代军长崔石泉同志任总指挥，由身经百战警卫连连长吴应龙同志带队。部队又从警卫连里挑选了十个20多岁，机智勇敢的战士组成了奇袭小分队。1938年8月15日，小分队化装成老百姓，随同大部队一起从老鹰沟密营出发，直奔小南河村。小南河村正在修建警察队营房，伪警察们用刺刀逼着老百姓为警察队盖房子当苦力，一片混乱，崔石泉看到如此情景，认为是大好机会，当即下令：靠近村子隐蔽起来，切断敌人电话线。

小南河村紧贴大顶子山脚下，出了林子就进村，抗联游击队一小组化装为送菜的，任务是直插敌人心脏。另一小组是守住警察队的大门口做接应。

第一小组的战士们挑着菜担子，顺利地到了警察队。第二组趁混乱之机和老百姓混在一起干起活来。这时警察们有的午睡刚起来，有的在乘凉，有的还懒洋洋地躺在铺位上。整个警察队的警察全在屋里和院内。白生太一看拖延不得，于是举起手枪抢上台阶大喊道：“不许动！抗日联军部队来了，缴枪不杀！反正的伪警察张奎五正在营房里，把步枪压满子弹，大喊：“弟兄们，别当亡国奴了，谁不投降我就毙了谁。”这突如其来的场面和吼声，伪警察们战战兢兢，乖乖地举起手全部投降了，遗憾的是，那个作恶多端的关队长，因去饶河养病却漏了网，战士们在营房外的山本家将其击毙。整个战斗仅用了半个多小时，获得的战果十分辉煌：轻机枪两挺，步枪六十三支，手枪四支，子弹数千发。群众欢天喜地庆贺抗联打了个大胜仗。王庆奎扛着机枪，张奎五骑着匹高头大马，高高兴兴地参加了抗联游击队。抗联七军用缴获的这些武器，装备起一个少年连，为抗日救国增添了一支生力军。

二、新征程新饶河的新优势

（一）区位优势

饶河县地处祖国东北边陲，是乌苏里江流域唯一将县政府治所设置在界江边的县份，农业生产条件极为优越，所处的三江平原是世界上仅有的三大黑土平原之一。域内有耕地 474 万亩，均属于肥沃的黑土地，是黑龙江省主要产粮县之一，八五九、胜利、红卫、饶河、红旗岭等 5 个大型国营农场在境内。除国营农场外，县域耕地总面积 129.2 万亩，主要种植小麦、大豆、玉米、水稻等。本县南部森林茂密，产红松、鱼鳞松、水曲柳、杨、桦、椴等木材。林区盛产人参、蘑菇、黄花菜，并有东北虎、麝、鹿等珍贵动物。土特产有乌苏里貉、椴树蜜、毛水苏蜜、蜂王浆。而且还是中国东北地区重要的木材和煤炭等资源的集散地，其区位优势为经济发展提供了有利条件。

（二）生态优势

饶河县受特殊地形、气候等条件的影响形成了森林、湿地、草原等多种生态样貌，自然资源极为丰富，生态优势明显。

作为国家级生态建设示范县，饶河县具有十分优异的生态资源条件，县域内 70% 以上的国土面积被森林、湿地和水域覆盖，其中仅森林面积就高达 510 万亩，森林覆盖率约为 55%。饶河县属三江平原特有的典型内陆型湿地，拥有 1 江 28 河和 16 个较大泡沼，县域水资源总量达到 17 亿立方米。饶河县所处的三江平原是世界上仅有的三大黑土平原之一，域内的挠力河 10 万亩灌区被称为“东方第一田”，千鸟湖湿地被评为中国六大最美湿地之一。正是得益于丰富的水资源条件，县域湿地资源异常丰富，共拥有东北黑蜂国家级

挠力河航拍图

乌苏里江湿地

大顶子山自然风光

江水灌溉水稻田

春风吹大地，草长牧牛肥

自然保护区、大佳河省级自然保护区、挠力河国家级自然保护区、千鸟湖湿地自然保护区等多个国家级和省级保护区。同时，县域内还保存了完整的沓草湿地地貌，栖息繁衍着多种珍稀野生动物，是优质蜜源植物的生长地。湿地、森林、草原和江河面积占县域总面积的80%以上，负氧离子含量每立方厘米最高达36100个，是全国首批命名9个“中国天然氧吧”之一，先后荣获全国湿地保护工作先进县、中国十佳宜居县、中国（黑龙江）特色气候小镇、第六批国家生态文明建设示范区等荣誉称号。大气质量达到国家一级标准，水质也接近国家一级标准，土壤无污染。

（三）边疆优势

饶河县凭借与俄罗斯接壤的特殊区位，具有得天独厚的地理位置和交通便利的优势，拥有通往俄罗斯的铁路和公路，是中俄贸易和物流的重要通道。饶河县口岸与俄罗斯波克洛夫卡口岸相距仅760米，是中俄对应城镇距离最近的口岸。

作为一个边境县，饶河县具有边疆特色和边境贸易潜力。它与俄罗斯哈巴罗夫斯克市相邻，是中国东北和俄罗斯远东地区交流与合作的重要枢纽。饶河县边境经济合作区和中国—俄罗斯间的陆路、水路通道为饶河县带来了丰富的边境贸易资源和合作机遇。同时，边疆地区政策的支持和补贴也为饶河县的发展提供了独特的机遇和优势。

饶河口岸位于饶河镇南部，距饶河镇7千米，与俄波克洛夫卡口岸相距760米，距比金市36千米，是内地通往俄罗斯远东地区的重要门户。地处俄罗斯哈巴边区与滨海边疆区的交界处。在不到100千米的范围内，可辐射到俄方100万人口。北可进入欧洲腹地，南可经海参崴江海联运大通道，客货运输条件得天独厚，可直接参与国际贸易。

1989年4月8日，国务院（国务院函〔89〕25号）正式批准饶河为国家一类口岸，1993年9月21日，饶河口岸正式宣布对外开放。饶河口岸是饶河外经贸进出口的唯一通道，也是双鸭山市对外开放的黄金通道，是全省允

黑龙江省饶河口岸货检通道

许对俄出口果蔬和肉类的 4 个重点口岸之一。饶河口岸外经贸是饶河的命脉，因此饶河口岸也被饶河人称之为“国门”。饶河县连续多年被评为“全省外贸工作先进县”。

三、新征程新饶河的新谋划

饶河县以推动高质量发展为主题，以深化供给侧结构性改革为主线，以加快构建现代化产业体系为主攻方向，以打造“四基地一窗口”为目标，加快实施“产业转型工程”，努力形成多点支撑、多业并举、多元发展的产业发展新格局，通过产业突破带动县域经济发展水平整体跃升，为县域高质量发展推进乡村振兴提供了坚实的经济基础。

（一）打造赫哲风情农旅文融合发展示范基地

据古籍记载，赫哲族人“衣鱼兽皮，陆行乘舟”，虽然仅有寥寥八个字，但却是赫哲族人渔猎生活的真实写照与最原始的自然呼唤。饶河依托生态优势以文化赋能，围绕赫哲文化、船歌文化、界江文化、古玉文化、红色文化、关东风情等，串联“一首歌、一个人、一条江、一座山、一边城”等要素资源，推进一二三产业融合发展，打造赫哲风情农旅文融合发展示范基地，形成以乌苏里江畔至大顶子山特色旅游线路为核心的全域旅游发展格局。

四排赫哲族人表演萨满舞

依托四排赫哲族乡临江篝火演绎广场，推出民俗文艺项目演出，带动游客参与观演及就餐，拉动赫乡夜间经济

饶河开江节

学习桦树皮画、鱼皮画制作

赫哲传统体育项目体验

（二）打造东北黑蜂产业标准化示范基地

“采得百花成蜜后，为谁辛苦为谁甜？”唐代诗人罗隐颂唱着蜜蜂的勤劳，也赞誉着劳动人民的辛勤奋斗。饶河东北黑蜂国家级自然保护区作为亚洲唯一的国家级蜂种保护区，原始生态保存良好，蜜源胶源植物丰富。饶河发挥国家级东北黑蜂保护区唯一性优势，打造东北黑蜂产业标准化示范基地，突出蜂种和蜜源双重特色，建立标准化、数字化、智能化东北黑蜂养殖示范带与产业带，延伸蜂产品产业链条，提高高附加值产品产值比例。

东北黑蜂

小小东北黑蜂采蜜

黑蜂局全体干部职工深入蜂场研学东北黑蜂知识

东北黑峰养殖者喜获丰收

五林洞镇关门村蜂场

饶河黑蜂集团产品

（三）打造乌苏里江优质鱼养殖加工示范基地

“乌苏里江来长又长，蓝蓝的江水起波浪，赫哲人撒开千张网，船儿满江鱼满舱……”这首《乌苏里船歌》妇孺皆知，传唱不衰，优美的歌词和动人的旋律将乌苏里江流域迷人的景色和赫哲族安居乐业的景象生动地展现了出来。乌苏里江承载了中国人对它特别多的美好想象。而这一江三十九河的水资源宝库、乌苏里江优良的水质、丰富的淡水鱼种类奠定了优质鱼养殖加工基础，饶河通过打造乌苏里江优质鱼养殖加工示范基地，着力构建优质鱼养殖加工与储运产业链，让丰富的水产资源优势转化为经济增长新动能。

给名特优鱼品种打排卵针助排卵

在乌苏里江鱼养殖基地刚打捞上来一网鱼

向乌苏里江投放鱼苗

优质鱼吸引了大量垂钓者

乌苏里江上，渔船捕大鱼

冬季捕捞，收货满满

（四）打造优质农林产品产加销一体化发展示范基地

饶河耕地和林地幅员辽阔、物产丰富，打造了优质农林产品产加销一体化发展示范基地，整合资源，创建品牌，管控质量，延伸产业链，全力提升农林产品产加销能力，让产品变商品，实现优质农林产品由“种得好”向“卖得好”转变。

椴树良种苗木培育基地

蓝靛果良种繁育苗木基地

林下茖葱种植基地

中草药赤芍繁育基地

（五）打造龙东互市贸易示范窗口

饶河隶属于黑龙江省双鸭山市，位于黑龙江省东北边陲，乌苏里江中下游，与俄罗斯隔江相望。饶河依托独特的边境区位优势，通过打造龙东互市贸易示范窗口，加快边民互市贸易转型升级，转变发展模式，申请互市贸易区进口商品落地加工试点。开发互市贸易商品溯源认证系统，构建了“全申报、全备案、可追溯”和“监测、调查、抽查、打假”四位一体的边贸商品质量管理新模式。饶河成为带动双鸭山对俄经贸转型升级战略实施，打造全市中俄经贸合作的重要桥头堡和集散地。

黑龙江省饶河口岸冬季货物运输

黑龙江省饶河口岸夏季轮渡运输

黑龙江省饶河口岸夏季旅客运输

四、新征程新饶河的新动力

（一）乌苏里江百里黄金旅游带

饶河县立足边境县实际，充分结合生态环境、区位优势、资源禀赋、人文历史等各项因素，确定了“一点突破、一线拓展、西连东开、全域统筹”的农旅文融合发展总体思路，推动旅游业大发展快发展。“一点突破”就是以“乌苏里船歌”乡村振兴示范区建设项目、“乌苏里船歌”百里黄金旅游带基础设施建设项目为突破口，围绕“一首歌、一个人、一条江、一座山、一边城”的资源要素，形成以乌苏里江畔至大顶子山特色旅游线路为核心的项目区，全力打造出有深度、有亮度的高端精品景点景区。“一线拓展”就是以乌苏里江界江旅游为载体，成立密山市、虎林市、抚远市、饶河县等沿江四县市“乌苏里江界江旅游联盟”，实现谋划设计、营销宣传、对接市场、组织客源等“四个一体化”，推动形成区域一体化大旅游格局。“西连东开”，“西连”就是积极融入双鸭山市旅游发展新格局，打造集贤、友谊、宝清、饶河等四县旅游资源共享路线；“东开”就是积极拓展对俄旅游线路，实行“落地签”，开发比金、哈巴等俄重点城市旅游线路，打造异域风情、垂钓休闲、美食购物、亲子研学等对俄旅游精品。“全域统筹”就是深度挖掘域内旅游资源，形成县域内大顶子山与乌苏里江旅游景区、乌苏里江湿地与小南山玉文化旅游景区、喀尔喀山与东安旅游景区、神顶峰与北疆红塔旅游景区、千鸟湖湿地景区、挠力河湿地景区、农场现代农业体验游等全域旅游发展格局。

（二）生态产业化产业生态化

2016 年 5 月，习近平总书记在黑龙江考察调研时强调指出，黑龙江是农业大省和粮食主产区，要统筹抓好现代农业产业体系、生产体系、经营体系建设，因地制宜推进多种形式规模经营，用规模经营提升农业竞争力、增加农民收入。要深化国有农垦体制改革，建设现代农业大基地、大企业、大产

饶河县绿色产业园区规划图

业。要采取工程、农艺、生物等多种措施，调动农民积极性，共同把黑土地保护好、利用好。

在"两山"理论指导下，饶河县坚持走"生态建设产业化、产业发展集群化"的发展道路，统筹产业发展与生态保护，加大对山特产业和生态旅游产业的支持力度，积极营造速生丰产林和高效生态经济林，大力发展珍贵毛皮动物养殖、名贵优鱼养殖、林下资源采集、绿色有机食品深加工、特色旅游等生态产业，促进生态资源优势转化为经济社会发展优势，实现发展县域经济社会与保护生态环境双赢的目标，交出了一张漂亮的绿水青山转化金山银山的"饶河答卷"。

小小中草药，种出乡村振兴"大文章"

五林洞镇关门村位于县域西北 25 千米，坐落于著名的大顶子山西侧山脚下，近年来，立足森林覆盖率高、环境优良、土地肥沃，非常适合中草药生长的天然优势，把中药材种植作为农业产业调整的重要抓手，积极构建绿色、高效、可持续的现代特色农业产业体系。以"合作社 + 公司 + 农户"模式带动本村村民种植中药材，深入发挥引领带动作用，使中草药种植实现规范化、科学化、高质化。目前，已种植各类中药材 6000 余亩，2025 年将达到 10000—15000 亩。同时，积极支持企业发展壮大、做深做精，中药材合作社、公司等带动村民务工人员 40 余人，每年增加村民打工收入达 100 余万元。支持发展饶河县金馨中草药种植有限公司，全方位为本村中药材产业发

万亩绿色水稻生产基地

万亩绿色水稻生产基地俯瞰图

绿色有机食品无菌加工车间

食用菌种植大棚

绿色有机蔬菜种植大棚

黑蜂养殖区

村民种植中草药

展服务。2020年至今，带动周边11家农户种植中草药，种植面积5000亩。为脱贫户免费提供关苍术种苗3万株发展庭院种植，预计三年后获利5万元。瞅准“好时机”，发展“药产业”，使小小的中药材，不仅为全村群众插上了增收致富的翅膀，更成为辐射带动区域经济发展、助力乡村振兴新的经济增长点。

（三）电商经济山珍销全国

数字经济已成为时代发展潮流、经济发展新的增长点，饶河县利用自身固有区位优势在当今发展起电商经济，展现了勇立时代潮头的远见和胆识。

饶河县发展电商经济采取由点到面、循序渐进的发展步骤。首先推动传统商贸企业数字化赋智赋能，推动传统商贸主体数字化、智能化改造，打造多业态聚合、多场景覆盖为特征的新型消费模式，鼓励企业通过社交电商、直播带货等新型营销手段拓展线上市场，研究部署县域商业体系、便民生活圈建设工作，推动内外市场衔接联通，发展互市贸易和电商新模式新业态。

“三农自媒体”赋能乡村振兴

饶河县江宇农林产品开发有限公司是网络主播卢小开创办的企业，也是饶河新联会会员企业，有30多名员工、2000多平方米的仓储库和产品筛选打包车间。成立5年来，立足本地特色农副产品销售，把直播带货做成集采购、销售、打包、快递一条龙服务的经营主体，借助互联网带动家乡百姓增收致富，把家乡的绿色农副产品卖到全国各地，带领乡亲们唱响“乡村振兴”歌，成为青年创业、参与乡村振兴、带动区域经济发展的典型。2022年，全年销售黄瓜香、薇菜、刺嫩芽等山野菜80余万斤，销售额950余万元，带动全县完达山脉周边村庄居民受益。利用当地黑蜂产业资源优势与全县310余户蜂农签订合同，收售蜂蜜300吨，销售额1200万元，直接带动当地群众增收。辐射周边企业，与周边市、县区企业合作，带动集贤县张广东绿农晓镇大米、双鸭山市公立屯玉米、宝清县红小豆红豆沙、铁力市煎饼等农副特产品销售1500万元。2022年纳税370万元以上。2023年截至目前，在抖音平台进行专场直播带货场，累计325小时，累计近1.5亿人在线观看，销售额达6100多万元。

黑龙江省东北黑蜂开发有限责任公司

黑龙江省东北黑蜂开发有限责任公司成立于2000年，坐落在中俄边界乌苏里江畔，饶河东北黑蜂国家级自然保护区内，简称黑蜂公司。

黑蜂公司的前身是成立于1980年的保护区管理局直属的黑蜂原种场，2000年由国家、省、县三级共同投资正式成立“黑龙江省东北黑蜂开发有限责任公司”，公司首套班子，就是黑蜂管理局班子，局长为董事长，二位副局长其中一位为总经理，另一位为顾问；聘请欧盟有机食品组织和中国农科院蜜蜂研究所养蜂专家担任技术顾问，一直致力于高端蜂产品的研发。公司历史荣誉丰满，是国家计委山区产业化示范单位。曾经连续十年欧盟有机认证，是国内首家获得该项认证的蜂产品企业；黑蜂牌系列蜂产品多次荣获国

黑龙江省东北黑蜂开发有限责任公司

黑龙江省东北黑蜂开发有限责任公司产品展示柜

黑龙江省东北黑蜂开发有限责任公司生产车间

际（第33届世界养蜂大会金奖）、国内金、银、铜奖，拥有国家发明专利技术2项，中华之最3项。王浆蜜、椴树蜜被评为中国名牌产品。蜂胶、王浆、花粉、蜂蜜、蜂蜡被欧盟有机食品组织认证为有机食品。2003年5月，国家对黑蜂牌系列产品：蜂蜜、蜂胶、花粉、王浆，实行原产地域产品保护，公司是黑蜂地理标志保护产品标准的制定单位。2006年8月，黑蜂牌蜂胶软胶囊和硒力王浆宝被评为国家高新技术产品，“黑蜂牌”被评为黑龙江省著名商标。2007年，公司被评为中国蜂产品龙头企业。2008年，被评为国家级扶贫企业……精彩还在继续。

2004年，通过招商引资的方式引进上海黑蜂实业有限公司全盘接手公司，企业性质由国营改为民营、连续五年利税超过150万的利税大户。由于历史的原因，公司从2011年起到2018年之间处于停滞状态，2018年，由汤跃峰先生收购上海黑蜂实业及其他股东的股权重新盘活公司，布局全国营销网络，开启新的篇章。

公司占地22000多平方米（土地性质是商业用地），厂房面积5800多平方米。新的经营团队从2019年起陆续翻新厂房、绿化厂区、改造升级生产线，已逐步恢复蜂蜜、蜂王浆、蜂蜡的生产。2020 年，打造“黑蜂公社”专卖店品牌，在全国各地开黑蜂专卖店，销售黑蜂系列蜂产品和饶河农副产品。2021 年，翻新了蜂胶软胶囊王浆软胶囊生产线，并打造“黑蜂工坊”（中医蜂疗为主的品牌店），已在全国 100 多个城市建立了营销网点。未来五年计划新建现代智能化蜂王浆冻干粉生产线、成熟蜜生产线、压片糖果生产线、凝胶糖果生产线、蜂蜜饮片生产线等，甚至往中药饮片方向发展。

“饶河的蜂蜜，五常的大米”，让饶河 = 蜂蜜（占领全国消费者对蜂蜜的认知），是黑蜂公司为饶河做的贡献。并发展以黑蜂为主题的旅游，把全国的消费者带到饶河来旅游，在感受大美饶河魅力边城的同时把饶河黑蜂自然保护区的特产带回家。新的经营团队坚持“以真为本”（做人真诚、做产品真实）的价值观，以“让人们吃上最好的蜂产品”为使命，实现“成为人们最

饶河县江宇农林产品开发有限公司专场直播

喜爱的蜂产品品牌”（蜂产品行业第一品牌）的企业愿景。

饶河县江宇农林产品开发有限公司

2021年注册，法人为网红主播卢站开，主营范围有食用农产品初加工、初级农产品收购、中草药收购、蔬菜种植、食用农产品零售、食用农产品批发、农副产品互联网销售，等等。公司现有员工30余人，聘有销售主播7人，分别为王刚、杨萌萌、孙彬、高莉娟、冯明、卢继北、邢万山。

公司目前主要销售山野菜、刺五加茶、蜂蜜、大米、玉米、煎饼、红小豆等特色农产品。2022年销售额8500万元，共带动百姓增收4000多万元。其中：一是全年销售黄瓜香、薇菜、刺嫩芽等山野菜80余万斤，销售额950余万元，带动全县完达山脉周边村庄居民受益。二是利用当地黑蜂产业资源优势与全县310余户蜂农签订合同，收售蜂蜜300吨，销售额1200万元，直接带动当地群众增收。三是辐射周边企业，与周边市、县区企业合作，带动集贤县张广东绿农晓镇大米、双鸭山市公立屯玉米、宝清县红小豆红豆沙、

直播主播高莉娟

直播主播王刚

铁力市煎饼等农副特产品销售1500万元。

2022年纳税370万元以上。2023年截至目前，在抖音平台进行专场直播带货场，累计325小时，累计近1.5亿人在线观看，销售额达6100多万元。

饶河东北黑蜂产业（集团）有限公司

饶河黑蜂集团位于黑龙江省饶河县东北黑蜂对俄加工贸易园区，紧邻饶河海关，距俄罗斯海关1000米。现占地面积11万平方米，建筑面积3.2万平方米，注册资金3200万元，固定资产已完成投资4100万元。

2006年，饶峰品牌成功问世，落户于饶河黑蜂国家级自然保护区内。依托地域优势，践行饶河黑蜂产业化路线。饶河黑蜂集团以黑蜂产业为企业发展主线，同步拓展山特产品、保健食品、酒业及对俄贸易等多项产业。在不降低环境质量和不破坏自然资源基础上发展经济，大力推动绿色产业的可持续发展，更新产品结构，整合资源优势。先后获得黑龙江省著名商标、黑龙江名牌产品、省级重点龙头企业等多项殊荣。企业与黑蜂养殖合作社形成订单制，600户契约蜂农统一培训管理、统一优厚收购，全程可追溯监管体系，在国家行业标准之上建立企业更高的执行标准，近乎于完美的苛求，只为饶峰出品的每一滴都是绝对的自然成熟。

饶河黑蜂集团坐落于饶河县——国家级东北黑蜂自然保护区内，2021年8月《中华人民共和国农业部公告第453号》公告中，国家畜禽遗传资源保种场名单，编号：C2330201，通过饶河东北黑蜂产业（集团）有限公司成立国家东北黑蜂保种场的申请，并进行公告。同年，中国养蜂学会通过了自然成熟蜜基地的申请，2020年参与了《东北黑蜂》国家标准GB/T 39593-2020的起草与制定，并于2021年7月1日开始实施。

在国家政策引导下、饶河地方政府的支持下，以及国际、国内市场的推动下，饶河黑蜂集团于2015年兴建拓展。升级黑蜂产品GMP加工车间，新建黑蜂科普文化体验中心、健康产业观光区等实体，实现饶河黑蜂全产业链立体化的成长态势。逐步将黑蜂产业、国际贸易与旅游产业相结合，拓展旅

饶河东北黑蜂产业（集团）有限公司宣传图

游经济开发深度。研发黑蜂产品深加工项目，丰富企业全产业链的运营，结合工业观光等项目，提升传统专卖店和商超专柜等销售布局，同步着力于开展 O2O 网络营销、体验式互动营销等未来主流的销售渠道，提升品牌的市场份额，引领黑蜂行业发展，助力地方经济的稳步增长。

集团长期坚持黑蜂产业现代化发展方向，大力提升集团公司研发水平。按照食品行业的要求，通过新建标准化生产厂房，引进和购进技术先进的生产和检测设备，全面提升生产工艺装备水平及生产能力。为适应市场需求实现集团公司可持续发展。新建办公楼生产车间、冷库、库房等，已完成厂房和办公楼建设。

集团总体规划不仅限于生产和加工项目，更加注重企业文化的建设和学术交流科研成果的转化。未来园区内整体规划成立首家饶河黑蜂科普馆、蜂疗养生度假中心、黑蜂养殖示范基地、工业旅游生态园等建设。

电商达人卢小开

卢小开是饶河县有名的电商达人，男，34岁，饶河县五林洞镇东山村人。2019年开始做自媒体，2020年5月成立电商直播工作室，目前在抖音平台的粉丝量706.1万，快手平台粉丝量150万。在2020年度黑龙江省“向上向善好青年”推选活动中，获得“共青团黑龙江省委员会”颁发的黑龙江省“向上向善好青年”荣誉。还在2021年4月10日获得“饶河县关心下一代工作委员会”颁发的，2020年关心下一代工作“青年创业标兵”荣誉；2021年7月，卢小开被评为“黑龙江助力乡村振兴行动公益大使”。在中国主播龙江行启动仪式上，获得优秀龙江主播称号，2023年，被评为“全国农业农村劳动模范”。2023年，在中国农民丰收节公益助农活动中被评为“助农先锋”。

电商达人卢小开

其次打造电商直播基地、推动直播销售模式，打造集直播、选品、孵化、仓储物流等服务于一体的综合性电商直播基地，基地选品区、直播区、拍摄

2023 年饶河县电商技能培训班

电商直播基地

区、会议培训区、接待洽谈区分工明确，还设置了边境特色直播间，涵盖蜂产品、菌类、大米、酒、茶叶、坚果、酱制品 7 大品类，共计 500 余种县内优质农林产品，成功盘活了锦龙物流公司和盘云岭酒业，引进瓦利亚豆制品、达霖食品、绿塔鲜食玉米等企业。

再次加快线上商城建设、助力农产品销售转型，组建国企独立运营“泽饶臻选”农产品电商平台，建立饶河特色产品的线上平台店铺，开设线上俄罗斯商品馆，实现“买全俄、卖全国”战略布局，组建助播、策划、拍摄、剪辑和客服一体化服务的专业电商团队，免费为入驻新人主播或无团队个人进行全方位服务。

泽饶抖音店　　快手店铺截图　　泽饶微信小程序

“泽饶臻选”电商平台为进一步推动农产品资源优势转化为我县发展竞争力，重点建设“泽饶臻选”电商平台，推动优质农产品资源整合销售。经全面改版升级，目前，该平台入驻企业 9 家，上架蜂蜜、大米、杂粮、山珍、鱼产品 5 大类别，共计 154 款产品。销售单品 2317 件。策划“一箱蜂、一亩田”认购活动，并已通过自媒体平台推广。

饶河东北黑蜂蜂蜜官方京东自营旗舰店。累计销售单品 1857 件。饶河东北黑蜂蜂蜜已入选《中国农产品产业带电商 50 强排行榜》。同步开设天猫、淘宝、拼多多、1688 等平台店铺，完成与联通、雅生活“乐享荟”等平台的合作对接。参加 2022 年第九届中国（杭州）国际电子商务博览会，成功招引企业来饶注册公司，开展农产品线上销售业务。

新征程新饶河

第三章

赫哲人撒开千张网

饶河县域发展有其自然特征、区位特征以及历史传统，同时也承载支撑国家重大发展战略的重要使命。随着脱贫攻坚向乡村振兴的历史性转移，以及推动新时代东北全面振兴开启新格局，饶河县域经济社会发展迎来了新机遇，全县向第二个百年奋斗目标齐努力。新时代新征程，饶河县委、县政府坚持人民至上的立场，坚持生态立县的方针，坚持立足自身区位、文化和生态优势，积极探索农旅文融合发展道路，不断改善教育、医疗等公共服务事业，开启了县域发展促乡村振兴的局面。

一、人民至上

党的二十大报告指出，“江山就是人民，人民就是江山。中国共产党领导人民打江山、守江山，守的是人民的心”。人民至上，就是要坚持人民主体地位，坚持共同富裕方向，始终做到发展为了人民、发展依靠人民、发展成果由人民共享，维护人民根本利益，激发全体人民积极性、主动性、创造性，促进社会公平，增进民生福祉，不断实现人民对美好生活的向往。对于饶河县委、县政府而言，就是要把解决群众的急难愁盼作为根本所在，要让老百姓体会到我们党是全心全意为人民服务的，党始终在人民身边。

（一）迈向第二个百年奋斗目标

“十四五”时期是我国全面建成小康社会、实现第一个百年奋斗目标之后，乘势而上开启全面建设社会主义现代化国家新征程、向第二个百年奋斗目标进军的第一个五年，我国进入新发展阶段。当前，中华民族正处于伟大复兴战略的关键时期，世界百年未有之大变局进入加速演变期，国际环境错综复杂，饶河县同样面临着机遇和挑战。进一步推动新时代东北全面振兴的背景下，饶河不仅将承载维护国家“五大安全”的重要使命，也迎来县域发展与乡村振兴的重大机遇。

习近平总书记指出，“东北资源条件较好，产业基础比较雄厚，区位优势独特，发展潜力巨大。当前，推动东北全面振兴面临新的重大机遇”。东北地区是我国重要的工业和农业基地，维护国家国防安全、粮食安全、生态安全、能源安全、产业安全的战略地位十分重要，关乎国家发展大局。党的十八大以来，习近平总书记多次赴东北地区考察，多次召开专题座谈会，对东北全面振兴作出系列重要讲话和指示批示，充分体现了以习近平同志为核心的党中央对东北全面振兴的高度重视和殷切期望，为新时代推进东北全面振兴指明了方向、提供了根本遵循。

2021 年 9 月，《东北全面振兴“十四五”实施方案》获批复。《实施方案》提出，到 2025 年，东北振兴重点领域取得新突破，维护“五大安全”的能力得到新提高，国家粮食“压舱石”地位更加巩固，祖国北疆生态安全屏障更加牢固。黑龙江省委省政府出台《贯彻落实〈中共中央、国务院关于支持东北地区深化改革创新推动高质量发展的意见〉实施方案》，守边固边、兴边富民、乡村振兴等系列政策“组合拳”联合发力，也为饶河县推动资源、生态、产业等发展基础转化为经济优势，创造了巨大的发展空间。

（二）从脱贫攻坚到乡村振兴的历史性转移

2021 年 2 月 25 日，习近平总书记在全国脱贫攻坚总结表彰大会上庄严宣告：“经过全党全国各族人民共同努力，在迎来中国共产党成立一百周年的重要时刻，我国脱贫攻坚战取得了全面胜利，现行标准下 9899 万农村贫困人口全部脱贫，832 个贫困县全部摘帽，12.8 万个贫困村全部出列，区域性整体贫困得到解决，完成了消除绝对贫困的艰巨任务，创造了又一个彪炳史册的人间奇迹！”习近平总书记的重要讲话，引发社会各界热烈反响。饶河县西林子乡小南河村第一书记冷菊贞感触颇深，“习近平总书记为我们扶贫干部点赞，我一定鼓足干劲，继续拼搏，带领乡亲们致富”。“小南河村已经脱贫，接下来要打造富裕、美丽、和谐的乡村，让百姓腰杆更硬、腰包更鼓。”

（三）乡村旅游扶贫绘就小南河村好“钱”景

小南河村坐落在《乌苏里船歌》中唱到的美丽的大顶子山下，与四排赫哲族村东西相望，在民间素有乌苏里船歌“船头”和“船尾”之称，但却是全县有名的贫困村。小南河村有226户村民，因为是坡地、小气候，一直以种植玉米为主要收入来源，农民养成了靠天吃饭、冬闲半年、随遇而安、不思创业的思维模式。

小南河村保持着比较原始的木刻楞房子，这些在村民眼里是不起眼的“破烂”，第一书记却透过独特视角发现了商机和财富，并最终确立了以大顶子山景区为背景、以饶河大美湿地为依托、以小南河村独特关东民俗资源为特点，打造“民俗摄影旅游基地”，发展特色乡村旅游的总体思路。从全域旅游的大视角，及时制定了《小南河民俗村整体改造规划》，确立了下一步民俗旅游村升级改造等文旅项目和小型生产加工项目建设，带动村集体经济发展和农民脱贫巩固提升。

村“两委”不等不靠、立即行动，深入村民家中做思想工作，对于观望户、反复户、懒散户不厌其烦、耐心细致地帮助解决疑惑。借资购置仿古花布、年画、窗花以及红灯笼等装饰品赠送给沿街百姓，打造了传统老作坊和两条古老街道作为摄影旅游基地雏形。村“两委”班子成员，翻磨盘、钉爬犁、挂灯笼，烘托出特性鲜明的老关东氛围，用行动来感染村民参与。

小南河村利用摄影人的资源，通过微信平台等媒体宣传，以特有关东文化，吸引了首批省外游客和大量周边县区、农场游客前来观光。同时，以《两天三万元，我们村的“互联网+”》为题，在村里的微信群宣传微店销售业绩，先期运行的“农家乐”饭店也见到了效益，最多的一家年增收入近10

万元。通过效益引导、真情感召，越来越多的党员和群众参与进来。

总之，小南河村发挥第一书记的“能人外力”优势，在三年时间里，从“花钱等救济，吃饭靠天收”到“绿水青山是金山银山，冰天雪地也是金山银山”，通过走旅游与产业互补互促的路子，摸索出独具特色、效果凸显的乡村旅游发展模式，成立旅游协会和黑龙江小南河农业旅游开发公司，调动全员参与，有力地推动小南河村从全面脱贫向乡村全面振兴的转变。

二、“船歌向党”

饶河县深入贯彻落实党的二十大精神，立足边疆党建实际，精心打造“船歌向党”边疆特色党建品牌，创新搭建各领域党建载体，以四化推进品牌创建，初步构建起富有饶河特色的边疆党建示范体系，通过品牌引领，奏响兴边富民协奏乐章。

（一）农村党建：“双五”工程

在农村，围绕乡村振兴战略“二十字”总方针，实施争创“五型”红旗村党组织和“五星级”党员的“双五”工程。县委坚持以高质量党建引领高质量乡村振兴为核心，强化顶层设计，先后召开常委会议、县委全面深化改革领导小组会议、“双五”工程推进会议，制定“双五”工程实施方案及配套考核细则，明确“五型”红旗村党组织 5 方面 17 项工作任务、54 条评分标准和“五星级”党员 5 方面 12 条评定标准。建立包乡包村处级领导主方向、涉农部门主指导、乡（镇）党委主推进、村“两委”主实干、驻村干部主协助的“五位一体”创建团队，构建起群策群力推动“双五”工程的责任体系。建立“半年初评、年终总评”和“村级自评、乡镇核定、县级审定”的考核评价体系，将争创成效与村干部补贴和党员先优评选挂钩，严格落实奖惩。同步将“双五”工程创建活动列入乡（镇）村两级党组织书记职责任务清单和乡（镇）党委书记述职评议必述内容，压实责任，强化推进落实。

（二）社区党建："情暖乌苏"工程

在社区，突出延伸基层治理服务触角，实施以社区机制好、服务质量好、阵地建设好、特色文化好、人居环境好、党员管理好"六好"为标准的"情暖乌苏"工程。自饶河县推行社区"大党委"工作机制以来，各社区积极探索加强边疆城市基层治理的新路径，创新网格化管理服务机制，深化"五方共议"联动服务机制，严肃驻区党员"双报到"制度。整合汇集多方资源，合理使用多方力量，建立起以 4 个社区党组织为核心，149 个驻区单位、警务力量、业主委员会、物业服务企业，1600 余名党员共同参与的城市基层治理新机制。

（三）机关党建："三转一增"工程

在机关，聚焦机关干部转观念、转思想、转作风、增能力，实施"三转一增"工程。自机关"三转一增"工程实施以来，饶河县广大机关党员干部坚持学习先进、对标找差、集中研讨转变思想观念，坚持在重大项目、难题攻坚一线锤炼转变能力作风，服务全县经济社会发展能力显著提升。

（四）事业单位党建："敬业边城"工程

在事业单位，围绕激发党员引领职工勤勉敬业、奉献边城热情，实施"敬业边城"工程。饶河坚持党对边疆事业单位的领导，中小学校党组织贯彻落实党组织领导的校长负责制，修订议事规则，推动党建入章，配备党支部专职副书记；公立医院党组织建立了讨论重大事项清单，内设机构符合条件的要及时建立党支部，建立支部参与科室重大问题决策事项清单，推进"双带头人"培育工程，临床医技科室党支部书记由业务骨干担任，落实"双培养"机制，注重在临床医技科室中级职称以上人员中发展党员。

（五）“两新”组织：“兴边有我”工程

在“两新”组织，围绕有效覆盖、规范提升、服务发展，实施“兴边有我”工程。饶河强化党的组织覆盖和工作覆盖，大力实施“两个覆盖”攻坚行动，建立组织部门、行业部门联动的常态化排查、研判、组建机制，选派党建指导员、驻企联络员，全面消除关键部位党建“空白点”，着力构建广覆盖、多层次、实用化的新兴领域党建阵地。为了提升服务质效，饶河各行业党委组建服务专班，加强街道、社区党群服务中心“爱心驿站”建设，为快递、外卖等新就业群体提供暖心服务，增强新就业群体归属感和认同感。通过建立党组织参与重大事项商议决策的有效机制，稳妥有序推进“党建入章”“双向进入、交叉任职”，引导新经济组织、新社会组织依法合规经营、有序健康发展。

（六）离退休人员党建：“乌子霞光”工程

在离退休党组织，围绕老有所养、老有所乐、老有所为，实施“乌子霞光”工程。以“乌子霞光”党建工程为引领，通过学习文件、举办大讲堂、参观考察、理论宣讲等形式，深入学习贯彻党的二十大精神。利用“学习强国”“离退休干部工作”“饶河县老干部”等信息平台，帮助他们了解新形势、学习新知识、掌握新技能，引导老同志听党话、感党恩、跟党走。加强对离退休干部党支部骨干力量的培训，建立完善党支部书记后备人才储备机制，进一步抓好“三会一课”、组织生活、民主评议党员等基本制度落实，着力提高管理服务水平。

（七）军（警）地党建：“联建戍边”工程

在军（警）地党组织，围绕强化协同固边能力，实施以“六联六建”为主要内容的“联建戍边”工程。坚持以创建“船歌向党”品牌为引领，聚焦构建党政军警民“五位一体”治边工作新格局，以“六联六建”为基本途径，以“军（警）地联建固堡垒，心连心携手兴边疆”为主题，实施军（警）地“联建戍边”工程，充分发挥了军（警）地党组织维护边境安全稳定、促进边境和谐发展的重要作用。

三、创新发展

新征程新饶河，创新发展成为饶河县域发展与乡村振兴的必由之路。近年来，饶河县委、县政府全面深刻领会新发展理念，将创新、协调、绿色、开放和共享贡献理念与县域发展的生态区位与民生需求紧密结合，坚持生态立县、创新农旅农合、着力提升公共服务，力争打造县域高质量发展促乡村振兴的典型样板。

（一）坚持生态立县战略

饶河县位于黑龙江省东北边陲，乌苏里江中下游，与俄罗斯隔江相望，独特的地理位置和自然资源使其成为国家重要的生态功能区和生物多样性保护区，全县绝大部分国土面积属于自然保护区，受到严格的保护。良好的生态环境为饶河县创建生态文明建设示范区奠定了坚实基础。

饶河县深入践行习近平生态文明思想，全面贯彻党的十九大和历次全会精神，立足新发展阶段、贯彻新发展理念、构建新发展格局，统筹谋划生态文明建设各项工作，切实做好“绿水青山就是金山银山，冰天雪地也是金山银山”的转化，深入实施山水林田湖草沙一体化生态保护与修复，坚定不移走生态优先、绿色低碳发展之路。全县通过完善生态制度，健全保障机制；打响六大战役，保障生态安全；突出绿色产业，发展生态经济；强化基础建设，践行生态生活等一系列创建工作，有效推动了生态与工业、农业、文旅产业的深度融合。目前全县生态保护工作达到新水平、生态质量得到新提升、经济建设取得新成效。先后获得国家级生态示范区、省级生态县、全国湿地保护工作先进县、中国十佳宜居县、全国创建绿色化示范城市、中国天然氧吧等荣誉称号。绿色低碳已经成为美丽饶河最鲜明、最厚重、最坚实的底色和特色。

近年来，饶河县始终坚持“生态环境就是饶河县独特竞争力”的发展思路，全力打造“生态 +”发展模式，全县生态优势进一步巩固，为饶河县经济社会发展提供了良好的生态环境支撑。突出“生态 +”产业定位，大力发展全域旅游，唱响新时代“乌苏里船歌”。饶河县先后荣获欧盟有机食品生产基地、中国十佳宜居县城、中国最美自驾游目的地、最美中国生态旅游目的地城市、全省法治环境建设先进县等荣誉称号。拥有挠力河国家级自然保护区、千鸟湖国家级湿地自然保护区和大佳河省级自然保护区，是亚洲唯一为单一蜂种设立的国家级自然保护区。

保护东北黑蜂 酿造天然好蜜

饶河县因其得天独厚的地理和气候条件，以及丰富的植被资源，特别是椴树资源，为东北黑蜂酿造优质的椴树蜜提供了宝贵蜜源，非常适宜黑蜂生长。东北黑蜂国家级自然保护区覆盖县域全境，是中国乃至亚洲唯一的为单一蜂种设立的国家级自然保护区。饶河东北黑蜂在闭锁优越的自然环境里，通过自然选择与人工培育相结合的方式在这里繁衍生息。

“饶河有百年的养蜂历史，东北黑蜂具有采集力强、抗病性强、抗逆性强、产卵力强四大特点，经专家鉴定东北黑蜂集中了世界四大蜂种的主要优良性状。东北黑蜂是自然选择与人工培育的中国地方优良蜂种，是我国乃至世界不可多得的极其宝贵的蜜蜂基因库，被称之为中华至宝。‘保种’便是我们的主要职责之一，保证蜂种的纯度不杂化、不退化。”黑龙江省饶河东北黑蜂国家级自然保护区管理局监察管理科科长侯宪刚说。

“在饲养管理方法上，我们采取饶河独特的‘绿色饲养法’，就是强群越冬、强群出窖、强群采蜜，这样可降低蜂群患病风险，保证健康和强势的蜂群。生产的蜂蜜都是经过蜜蜂充分酿造的，波美度在 40 度以上。”黑龙江省饶河东北黑蜂国家级自然保护区管理局局长于洋说。

经过近几年的保护和发展，在东北黑蜂国家级自然保护区内，黑蜂蜂群数量稳步提升，为提高养殖东北黑蜂的技术水平，提升蜂蜜产量发挥着重要作用。

（二）创新农旅文融合发展战略

饶河历史源远流长、文化厚重。小南山遗址出土大量石器、玉器等文物，文明史绵延 1.3 万余年，被称为“阿速江畔金字塔、黑龙江的牛河梁”，是我国肃慎文化之源，被国家文物局列入“全国十大考古新发现”。饶河县是抗联第七军主要战斗的地方，涌现出陈荣久、李学福等抗联英雄。地处“醉美 331”公路重要节点，是全国首批命名 9 个“中国天然氧吧”之一，先后获得国家生态示范县、中国十佳宜居县、全国旅游标准化示范县等荣誉称号。

饶河县突出“生态 +”产业定位，整合旅游资源，统一规划旅游项目，加大资金扶持力度，加快推进“农旅文”融合，为区域经济发展注入新活力。围绕资源要素，饶河县逐步形成了以乌苏里江畔至大顶子山特色旅游线路为核心的项目区，打造集现代农业生产示范、生态、红色、民俗、农业旅游深度体验等于一体的“农旅文”融合发展示范基地，重点实施乌苏里江赫哲族渔猎文化特色旅游、大顶子山红色旅游 + 森林氧吧体验、小南河村关东风情旅游等三大类旅游建设项目。饶河县还加强区域联动，相继开通了“黑瞎子岛—乌苏镇—四排风情园—小南山—虎头要塞旅游线路”“集贤—四方台—宝山—宝清—饶河市域旅游线路”等多条旅游线路，实现了农旅文产业提档升级。

依托“赫哲文化”：从“神秘小山村”到“少数民族游的新名片”

“赫哲人撒开千张网，船儿满江鱼满舱。”这里是脍炙人口的《乌苏里船歌》诞生地，也是饶河县“农旅文”融合发展的前沿阵地。

近年来，饶河县在政策、资金等方面对四排赫哲族乡给予倾斜，投入中央专项彩票公益金和整合资金共计 12337.53 万元，以突出赫哲族少数民族渔猎文化与生活为核心，实施赫哲族渔猎文化特色旅游项目，围绕农业旅游和水稻产业发展需要，建设乌苏里江绿色有机生态水稻示范基地建设项目，推动四排赫哲族乡旅游产业发展。

强基础更当重传承。随着传统渔猎生产生活方式的改变，古老的伊玛堪说唱曾一度面临“后继无人”的窘境，这一艺术表现形式在2006年被列入国家级非物质文化遗产保护名录，2011年被联合国教科文组织列入急需保护的非物质文化遗产名录。

2010年，饶河县成立了“伊玛堪”传习所，由国家级代表性传承人和省级代表性传承人定期传授。如今，传习所已成为“伊玛堪”传播的重要阵地，并培养出赫哲族伊玛堪市级代表性传承人卢艳华。2022年，卢艳华当选党的二十大代表，如今她将重心更多地放在传承赫哲族传统文化上。“我希望能带动更多人加入，通过伊玛堪进校园、社区、乡镇和村屯，让赫哲族文化在传承中迸发新活力。”卢艳华说。

饶河县从多方面积极推动四排赫哲族乡非物质文化遗产传承，推出赫哲系列旅游活动，特色的鱼皮桦皮工艺、广为传唱的嫁令阔、传统体育运动叉草球，成为赫哲族乡旅游独特的民俗风景，推动民俗文化、旅游经济同步发展。目前，四排赫哲族乡建设以赫哲风情园为中心的旅游景区，扶持建成餐饮农家乐5家，共有乡村旅游民宿经营主体9户，已接待游客5万人次，带动20户村民户均增收2.5万元。初步实现了以赫哲文化为核心，文旅发展牵头，多业融合协调发展的成效。

（三）实现教育医疗公共服务全覆盖

一是加快补齐城乡人居环境和公共服务短板。完成季华健康城市公园建设，新水厂顺利竣工供水，市政管网、老旧小区改造、市政道路、休闲广场及绿化亮化工程顺利实施。“三纵三横”城市交通路网基本形成。国道饶盖公路饶河口岸至大岱林场段改扩建工程竣工通车。利用少数民族发展资金5326万元，为四排赫哲族乡建设了赫哲族风情园、少数民族特色村寨，为岭南朝鲜族村建设了民俗风情园、旅游接待中心。创建省级美丽乡村示范村8个。

二是加快医疗卫生事业发展。新建团山社区卫生服务中心。县人民医院与佳木斯大学附属第一医院签订“对口支援”协议、县中医医院与佳木斯中医医院签订“对口支援”协议；申请专项债券资金1.74亿，启动了县人民医院新建、饶河县人民医院综合能力提升建设项目。覆盖全民的公共卫生服务体系基本建立民族乡村群众医保实现全覆盖，县域整体医疗救治和服务能力得到有效提升。

三是不断推进教体事业发展。积极发展“体育+旅游”相关产业，举办中俄足球邀请赛、中俄排球邀请赛等一系列较高水准的国际品牌赛事。举办中俄青少年羽毛球夏令营活动，加强与俄罗斯哈巴罗夫斯克市体育文化交流。新建幼儿园2所，完成高级中学扩建，饶河县第一小学、饶河县第二小学、饶河县第一中学、饶河县第二中学运动场地功能提升项目现已完成招投标前期工作。

四是多措并举稳岗扩岗促就业。合理开发公益性岗位对就业困难人员进行兜底安置，及时落实补贴政策，有效加强了对就业困难人群的就业援助，2018年至今新开发公益性岗位安置1008人，就业困难人员就业2161人。规范事业单位津贴并增发绩效奖金项目。医务人员、教师及其他事业单位保留津贴补贴共计24项，均严格按照规定标准及范围落实到位。

五是持续扩大城乡居民基本养老保险制度覆盖范围。饶河县城乡居民养老保险参保人数为17872人，参保率为96.9%。饶河县城乡居民养老保险已建立丧葬补助金制度，截至目前，共为431名死亡人员发放丧葬补助金，发放金额为43.1万元。按时足额发放各项社会保险待遇，为特殊困难群体及时发放社会救助资金。企业退休人员基本养老金“十八连调”。养老金清算工作完成率达100%。

供暖“组合拳”温暖千万家

饶河县的一些老旧建筑供暖设施设备陈旧，居民盼望改造的呼声很强烈。2023年，饶河县以民之所望为施政所向，以群众关切为工作抓手，切实把群众利益放在首位，把做好冬季供暖作为保障民生的实际行动，作为提高公共服务供给质量的具体实践，时刻心系群众冷暖，让群众“人暖心更暖”，坚决迅速解决冬季供暖中存在的突出问题，高质量做好供暖工作，把温暖送到千家万户。

聚焦群众最关心、最期盼的民生问题，饶河县2022年共建设了20座换热站，总投资7400万元深入实施供热管网升级改造工程，通过建设换热站和供热管网改造，逐步完善供热配套设施，提升供热质量，增强群众的幸福感。

走进饶河县明珠小区的王大妈家，一进屋，温暖的热浪扑面而来。“我们这个小区比较陈旧，我都住了大半辈子了，以前每到冬季天天晚上都要开电褥子。”王大妈说：“今年县里给咱小区新建了换热站，供暖设备更新换代了，道路也修平整了，现在的冬天一点都不冷了，心里面也暖暖的。”

排水管网通畅 幸福感满满

随着经济社会的发展，城市的规模持续扩张，与此同时地下基础设施存在的问题也相继出现。城市更新，要“面子”，更要“里子”。2022年以来，饶河县持续优化城市生态环境、完善城市基础设施就是更新“里子”的重要内容。

过去的饶河县沿江小区附近排水管道不畅，管道淤积严重，严重影响强降雨时段的积水外排，甚至造成污水外溢，影响群众的生活。城市排水系统是城市基础设施建设的关键环节，2023年，饶河县结合城市发展需求，积极对上争取资金9944万元，对通江街、正阳路、新阳路实施老城区排水管网雨污分流改造工程，改造排水管道15千米，有效完善城区排水设施，更深层次提升城市品质，切实提高百姓生活质量和居住环境。这个项目施工将管道更换为雨污分流管，实现了“污水进渠、雨水进河、各行其道”，也使得道路更加干净整洁，提高了城区道路的通行能力和服务水平。

“路口通车后，下雨天马路再也没淹过。以前下点小雨，我们就得在路上铺上几块砖头好踩着过去，现在下雨再也不积水了，以后的夏天我们居民都会舒心了。”饶河县居民张广利住在沿江小区，作为饶河县实施老城区排水管网雨污分流改造工程的直接受益者，他对这项工程夸赞连连。

新征程新饶河

第四章 船儿满江鱼满舱

饶河县作为祖国东极区域农业、物流、交通中心枢纽之一，是推进黑龙江省东部区域城镇化建设、乡村振兴高质量发展、向北开放新高地的排头兵和前沿阵地。近年来，饶河县委、县政府按照省、市安排部署，统筹推进县域经济、政治、文化、社会、生态文明建设，充分结合生态环境、区位优势、资源禀赋、人文历史等各项因素，走出了一条县域经济社会高质量发展的新路径，为推动中国式现代化提供了优秀的县域实践案例。

一、以新变化带动干部群众“大干快干”

习近平总书记指出，县域经济是国民经济发展的重要组成部分，强调要坚持把强县与富民统一起来，把改革与发展结合起来，把城镇与乡村结合起来。近年来，饶河县通过产业优先、规划引领、基础设施和民生保障四个方面的改革与创新，将总书记“统一起来”和“结合”的要求落在了实处，不仅实现了县域经济社会高质量发展的战略目标，同时还探索出了脱贫攻坚与乡村振兴有机衔接的新路径。

（一）工农业产值稳步提升，国民经济取得新突破

新时期以来，饶河县加快推进全域发展，工农业产值稳步提升，整体经济总量迈上新台阶。工业方面，截至 2022 年，规模以上工业企业总产值 8.3 亿元。其中加工企业工业总产值 3.5 亿元，电力供应企业工业总产值 4.8 亿元。规模以上工业增加值较之 2021 年增长 7.2%。2022 年实现建筑业总产值

12954万元，完成房屋建筑施工面积0.393万平方米。农业方面，饶河县全面聚焦“四个农业”，粮食产量稳定在38亿斤以上，实现“十九连丰”。打造饶河大米地理标志农产品示范基地2个，科技示范样板3个。绿色食品认证面积30万亩，绿色有机产品认证达20个，新建“互联网+”高标准示范基地11个，农产品质量安全检测合格率达99%以上。中草药规模化种植达6.2万亩，连续4年被评为“全省中药材基地建设示范县”。渔业产业有序发展，总产值达8812万元。成功获批筹建饶河东北黑蜂国家地理标志产品保护示范区。饶河（东北黑蜂）椴树蜜通过省级农产品气候品质评价，被命名为“龙江气候好产品”。饶河县泽饶现代农业发展有限公司被评为“国家现代农业全产业链标准化示范基地”。培育省级示范社3家。建成全市首家农业生产社会化服务中心，全县农业生产社会化服务面积达5万余亩。深入实施“百局联百村”活动，建成“振兴超市”56个，落实“菜园革命”示范村52个。该县顺利通过省级巩固拓展脱贫攻坚成果考核。2022年，饶河县被评为“全国大豆绿色高质高效行动示范县”“全国秸秆综合利用重点县”“全省数字农业示范县”“省级现代农业产业园”。

在工农业取得新突破的同时，全县国民经济迈上新台阶，经济总量爬坡过坎取得新突破。饶河县2022年实现地区生产总值713372万元，比上年同期增长4.4%。其中：一产业增加值466009万元，比上年同期增长3.7%；二产业增加值35473万元，比上年同期增长2.0%；三产业增加值211890万元，比上年同期增长6.5%。三次产业结构为65∶5∶30。全县人均地区生产总值53045元，比上年同期增长5.2%。全年一般公共预算收入21017万元，可比增长11%。其中，税收收入8192万元，可比增长0.5%，在税收收入中，国内增值税1578万元；企业所得税930万元；个人所得税507万元。一般公共财政支出218547万元，同比增长20.6%。其中教育支出26987万元；科学技术支出42万元；灾害防治及应急管理支出719万元。全年城镇以上固定资产投资额比上年增长23.8%，房地产开发投资2818万元。商品房销售面积2.3万平方米，同比增长147%，其中住宅销售面积2.23万平方米，同比增

饶河全景

饶河夜景

长136%。截至2022年12月末，全县金融机构人民币存款余额867429万元，比年初增加123893万元，增长14.3%。其中，住户存款779910万元，比年初增加134869万元，增长17.3%；非金融企业存款41820万元。金融机构人民币贷款余额450476万元，比年初增加96088万元，增长21.3%。其中，住户贷款258136万元，比年初增加29565万元，增长11.5%；非金融企业及机关团体贷款192340万元，比年初增加66523万元，增长34.6%。

（二）科教文卫事业快速发展，社会保障日趋完善

经过多年建设发展，饶河县已成为黑龙江省东部县区科教文卫事业发展的标杆，为该县经济社会高质量发展打下了坚实的基础。截至2022年，全县拥有普通高中2所，招生491人，在校生1526人，毕业生514人，高考二表以上上线率77.97%，普通初中5所，普通小学9所，村办小学2所，九年一贯制学校5所。其中初中招生1055人，在校生2963人，毕业生1144人；小学招生754人，在校生5294人，毕业生1065人。幼儿园22所，在园人数2196人。全县有艺术表演团体74个，文化馆1个，乡镇文化站9个，社区文化站4个，图书馆1个，档案馆1个，博物馆1所，中短广播发射台1座，电视转播发射台3座，广播综合人口覆盖率100%，电视综合人口覆盖率100%。全县共有各类注册医疗卫生机构111家，其中，县级医院2家（县人民医院、县中医医院），妇幼机构1家，疾控机构1家，卫生监督执法机构1家，采供血机构1家，乡镇卫生院9家，社区卫生服务中心1家，农场社区医院5家，村卫生室58家，个体诊所32家。全县医疗机构执业医师248人，执业助理医师64人，注册护士346人。在人均收入与社会保障方面，饶河县2022年城镇居民人均可支配收入30046元，同比增长4.4%；农村居民人均可支配收入13431元，同比增长7.5%。社会保障覆盖面进一步扩大，年末全县参加社保养老保险的企业人数9034人，其中缴费3433人，退休3742人；城乡居民参加农保养老保险的人数17752人，其中缴费9469人，退休8283人；参加机关事业单位养老保险的职工人数3758人，退休人数2799

人。参加失业保险职工 4022 人。参加基本医疗保险城镇职工 13500 人，其中在职 8056 人，退休 5444 人；参加基本医疗保险居民人数 43377 人。城镇居民有 1522 人得到政府最低生活保障。农村居民有 1857 人得到政府最低生活保障。

饶河县人民医院

饶河县中医院

饶河县第二小学

（三）强化生态文明建设力度，助力城乡建设提质增效

饶河县坚决打好污染防治攻坚战，中央生态环保督察反馈问题年度整改任务全面完成。实施“河湖长制”“林长制”“田长制”多长合一。西林子乡、山里乡两处污水处理站建设完成。乌苏里江、挠力河水质均达到Ⅲ类水质标准，县域空气优良天数比例达到 98% 以上，秸秆禁烧实现“零火点”。荣获“国家生态文明建设示范区”称号、“中国（黑龙江）特色气候小镇”称号，顺利通过“中国天然氧吧”复核验收。

在城乡建设方面，饶河县目前已完成国土空间规划“三区三线”划定工作，并通过省和国家审核。市政建设提档升级，仅 2022 年就投资 5079 万元，完成了 18 个老旧小区改造工程；投资 7413 万元，新建换热站 20 座，改造供热管网 9572 米，为 75 栋居民楼实施末端管网分户改造，供热效果大为改善，让群众住上了暖屋子；投资 9944 万元，完成城区排水管网建设项目，全面疏通了城市“血管”，完成了百合广场改造、饶河岛生态恢复、城市绿化、市政

供热管线改造

道路修缮等工程，群众休闲娱乐条件进一步提升。新农贸市场动迁完成。美丽乡村建设扎实推进，建设市级乡村旅游示范村 1 个、特色引领示范村 2 个、嬗变整洁示范村 2 个。小南河村被评为“中国美丽休闲乡村”。

二、以新变革引领县域发展“提质增效”

近年来，饶河县干部群众深入贯彻落实党的二十大精神，在保障“五大安全”的基础上全力推进制度创新，按照黑龙江省建设“八大经济区”和双鸭山市打造“五大特色经济区”的战略部署，为把饶河建设成为“旅游大县、生态名县、边贸重镇和全市对外开放的黄金通道”的战略定位，加快建设“四大特色经济区”，创新体制机制，加快建设生态、平安、和谐、富裕饶河，为饶河县社会经济高质量发展提供了坚实保障。

（一）以“向北开放”全面提速打造对俄贸易桥头堡

饶河县将紧紧依托口岸优势，抢抓黑龙江省加强沿边开放带建设的难得机遇，加快构建商贸旅游、进出口加工、跨境投资合作三个产业体系，增强外贸经济对县域经济的拉动能力。在硬环境建设上，完成浮箱固冰通道建设；开通饶河—比金定期旅客运输班车、哈尔滨—饶河—比金—哈巴罗夫斯克国际客货运输线路。在软环境建设上，充分发挥中俄混合工作委员会作用，加强与俄方的协调沟通，妥善解决双边经贸中出现的困难和问题。完善对外贸易优惠政策，扶持本地外经贸大户做大做强，积极招引贸易额超亿美元的经贸大户落户饶河。在扩大合作领域上，在原有种植业、采集业、森林采伐等

通关游客等待边检

合作的基础上，向资源进口、房地产开发、境外加工、承包工程等合作领域拓展，扩大贸易规模。同时，积极调整进出口产品结构，增加木材、能源、原材料等资源产品进口，扩大建材、装备技术产品和绿色食品出口。在出口基地建设上，在现有 1.5 万亩果蔬基地的基础上，充分整合区域内的果蔬基地资源，推进生产布局、品种结构、生产方式调整，增加精细果蔬和提早延晚品种的生产比重，使饶河成为双鸭山市乃至黑龙江省东部地区对俄贸易的重要桥头堡。

饶河口岸迎接外国游客

黑龙江省饶河口岸联检大厅旅客通关

（二）以“农旅文”深度互嵌打造全域旅游发展新格局

近年来，饶河县委、县政府深度挖掘自身优势，围绕体现“一首歌、一个人、一条江、一座山、一边城”的要素资源特点，以“四基地一窗口”发展战略为总牵动，以“乌苏里船歌”乡村振兴示范区建设为主线，突出打造了一批“农旅文”融合型基地和项目，构建农业农村发展示范带、生态与红色旅游景观带、赫哲文化与东北风情体验带、农民增收致富创业带，大力发展“农业＋旅游＋文化”产业，着力构建“农旅文”融合的全域旅游发展格局，全面谱写了边境城市文化建设和旅游惠民新篇章。

如今，饶河县每年可吸引外地游客 30 万人次，实现年收益过亿元，可带动就业 500 人，人均增收 1.8 万元；促进山特产品、农产品、蜂产品、旅游纪念品等销售，销售额可达 5400 万元。饶河县走出了一条符合实际的“农业＋旅游＋文化”产业带动乡村振兴的新路子。

四排赫哲族乡文旅项目整体效果图

“乌苏里船歌”记忆馆效果图

四排赫哲族乡非遗文化馆和演艺中心效果图

改造民宿效果图

四排赫哲族乡民俗旅游体验区效果图

珍宝岛爱国主义教育基地效果图

赫哲族—主题餐厅酒吧（原民俗加工坊、民俗体验馆）效果图

小南河村“农旅文”融合发展，吸引各方游客

四排赫哲族渔猎文化，让游客争先体验

四排赫哲族古老的祭祀

徜徉在四排赫哲族乡的向日葵花海中，对未来充满希望

游客参加四排赫哲族乡的篝火晚会

（三）以“加减乘除”组合拳助力营商环境再优化

自深化能力作风建设“工作落实年”活动暨“三航行动”再出发开展以来，饶河县按照省市委决策部署，以“提能力、转作风、抓落实”为主题，致力做好助企发展“加减乘除”四则运算。

第一，善用“加法”，加压思想解放提升服务本领。饶河县始终把解放思想作为推动振兴发展、务实领导包联的基础工程，引导广大党员干部铆足真抓的实劲、塑造担当作为的好作风。围绕党的二十大精神、省市重要会议精神，以举行“政商沙龙”活动为抓手，立足经济产业、服务发展开展了 3 次民营企业家座谈会，开展互动交流式“头脑风暴”，进一步解放思想，提升服务，保障企业安全感、荣誉感、亲近感，为产业经济健康发展、高质量发展创造条件。搭建全员参与、自我提升、交流互动的工作平台，组织全县领导干部到电商直播基地、政务服务中心、标准化厂房项目建设现场开展“充电星期六”观摩交流活动，营造“比学赶超”的氛围，有效提升领导干部服务企业的意识和技能，助力企业更好更快地发展。

第二，实用“减法”，完善政策落地减轻企业负担。饶河县充分利用微信工具搭建与包联企业的沟通渠道，县各相关部门主动与包联企业对接沟通，积极宣传惠企政策措施，推动政策精准落地、直达快享，最大限度发挥政策效力。通过积极对上申报争取，帮助饶河县家乐购有限责任公司等 8 家企业申报奖励资金累计 30 万元；帮助饶河县昌龙小酒馆等 6 家商户申报奖励资金累计 3 万元；帮助 5 家企业荣获国家级、省级殊荣，推动饶河产业转型升级和经济高质量发展贡献突出的工业企业申报奖励 14.2 万元。惠企政策红利不断释放，持续帮助企业增收减负，为企业发展注入新动能。

第三，活用“乘法”，夯实领导责任拓宽服务渠道。饶河县坚持问题导向，从根源剖析问题产生的原因，量化细化问题整改的方法措施，推动思想观念再解放，服务成效再提升。印发《2023 年度饶河县领导干部包联企业（项目）工作方案》，全县 34 名县处级领导干部、106 名乡镇科级领导干部积极行动，实现辖区内 1136 户企业及 47 个项目全覆盖对接包联。通过对包联企业实地走访、电话、上墙包联“联系卡”等方式加强沟通，加倍提升工作效率，建立一种动态联系的亲清政商关系，保证企业诉求第一时间直达包联领导，实现无障碍沟通，切实将包联工作走深走实。

第四，严用“除法”，销号解决诉求破除服务堵点。在全县上下集中开展企业“敲门行动”，通过实地走访企业，听取意见建议，建立专项整改台账，受理企业具体问题诉求 26 个，解决销号 26 个，不断破除政务服务堵点，提升企业获得感和满意度。

2023 年 6 月 16 日，第三十二届哈洽会

2023 年 8 月 20 日，旅发大会

2023 年 8 月 22 日，中日经济合作会议

三、以新风貌打造北国边城“幸福家园”

饶河县以推动高质量发展为主题，以深化供给侧结构性改革为主线，以加快构建现代化产业体系为主攻方向，努力形成多点支撑、多业并举、多元发展的产业发展新格局，通过产业突破带动县域经济发展水平整体跃升，为县域高质量发展推进乡村振兴提供了坚实的经济基础。与此同时，饶河县通过举办黑蜂节引领蜂蜜产业快速发展，通过中草药产业带动林下经济升级提档，通过数字乡村建设提升乡村治理现代化效能，为全县的社会经济发展带来了“新风貌”，使饶河变成了生态宜居、产业兴旺、乡风文明的北国边城“幸福家园”。

（一）以“黑蜂节”引领蜂蜜产业快速发展

产业兴旺是乡村振兴和地域发展的关键，习近平总书记在2022年中央农村工作会议上强调，“产业振兴是乡村振兴的重中之重，要落实产业帮扶政策，做好‘土特产’文章”。当前，全国各地都充分结合地方特色资源基础，扎根“土”，体现“特”，形成“产”，发展地域特色产业，从发展一产向一二三产融合转变。饶河县近年来也依托县域内优质森林资源，加快发展以黑蜂产业为核心的蜂蜜产业和蜜源植物产业，取得了良好的发展效果。饶河县因其得天独厚的地理和气候条件，以及丰富的植被资源，特别是椴树资源，为东北黑蜂酿造优质的椴树蜜提供了宝贵蜜源，非常适宜黑蜂生长。东北黑蜂国家级自然保护区也在其境内，是中国乃至亚洲唯一的为保护单一蜂种设立的国家级自然保护区。饶河东北黑蜂在闭锁优越的自然环境里，通过自然选择与人工培育相结合的方式在这里繁衍生息。依托黑蜂资源，近年来饶河县正全力打造蜂蜜产业。为此，在2023年5月20日的“世界蜜蜂日”，由中国蜂产品协会、饶河县委县政府主办的2023年第六届“5・20”世界蜜蜂日暨“蜜淌乌苏 爱情之都”首届饶河“东北黑蜂节”。7月17—20日，成功举办了第二届中国（双鸭山 饶河）成熟蜜生产现场会暨“东北黑蜂国际论坛”。5位中外专家学者做了专题报告，对养蜂员自产的成熟椴树蜜进行品鉴，10位养蜂员获得了优质奖、优秀奖。在田景龙成熟蜜蜂场举办了全国第二届成熟蜜生产现场会，参观考察了黑蜂局小南河标准化蜂场、电商直播基地、饶河东北黑蜂产业集团有限公司、大顶子山森林公园、胡克月标准化蜂场等地。《人民日报》、央广网、《中国食品报》、龙头新闻等各大主流媒体对会议召开情况进行了宣传报道，进一步提升了饶河东北黑蜂产业品牌知名度和影响力。

近年来，饶河依托东北黑蜂唯一性的独特优势，突出蜂种和蜜源环境双重特色，深化与中国农科院蜜蜂研究所合作，推动中国北方蜜蜂研究中心建设，加快建立标准化、数字化、智能化东北黑蜂养殖示范带与产业带，全力打造蜜源培植、标准养殖、业态融合、精深加工、品牌创建、产品营销全

2023 年第六届“5·20”世界蜜蜂日暨“蜜淌乌苏 爱情之都”首届饶河“东北黑蜂节”

产业链，形成了“龙头企业＋基地＋蜂农”的产业化发展格局，年产蜂蜜1500—3000吨，产值最高可达1.2亿元，蜂胶约215公斤，产值约129万元，蜂花粉约43吨，产值约258万元，蜂王浆约10吨，产值约400万元，带动1200人从事养蜂就业，为蜂农每年带来收益3万—20万元不等。该县采取一系列措施壮大龙头企业，带动全县黑蜂产业快速发展，并建立蜂业企业奖励基金，积极为蜂业企业争取新产品开发、基础设施建设等专项资金，扶持企业发展。目前，饶河县蜂群已发展到4.5万群，蜂场450余个，具有一定规模和能力的蜂产品企业13家，年加工能力上万吨，产品品种达到120余个，在国内大中和三四线城市建有上百个销售网点，通过线上和线下的销售渠道拉动东北黑蜂产业化发展。东北黑蜂产业已形成了政府主导，蜂业合作社＋蜂农＋基地＋企业的产业化格局。2022年成功获批筹建饶河东北黑蜂国家地理标志产品保护示范区，逐步在国内外叫响“饶河东北黑蜂”产品品牌。“饶河东北黑蜂”等富有饶河特色的区域公共商标品牌，饶河东北黑蜂蜂蜜成功入选中国农产品产业带电商50强。

（二）以中草药产业带动林下经济升级提档

近年来，饶河县坚定“四基地一窗口”战略，紧紧围绕乡村振兴战略，坚持把中药材种植作为农业产业调整的重要抓手，积极构建绿色、高效、可持续的现代特色农业产业体系，特别是在发展规划中，把产业发展与集体经济增收、基础设施建设、农村环境打造、农旅融合发展有机结合起来。2021年，五林洞镇建设中草药示范园80亩，园内集中药材试验示范、繁育、观赏、辐射带动等多种功能为一体，形成了具有鲜明特色的综合性示范园。目前，示范园内种植刺五加种苗15亩、赤芍种苗1.5亩、白鲜皮2.5亩、西洋参1亩、百合3亩、五味子1亩、桔梗1.5亩、射干0.7亩、金莲花2亩、关防风4亩、关苍术2亩、知母1.5亩、北苍术17.3亩、板蓝根30亩。

饶河县在林下中草药种植领域持续发力，在保障粮食安全的基础上，牢固树立“道地、绿色、生态、安全”发展理念，相继制定出台多个中药材种植和基地建设等方面的优惠政策，发放补助资金 1420 万元。与黑龙江省农科院、黑龙江省中医药大学等建立长期科技合作机制，开展中药材种质资源搜集利用、新品种改良与驯化、新技术研发与应用、新产品精深加工等方面合作。积极对接湖南安邦制药、吉林修正药业、青岛华中制药，发展订单种植并争取企业在县域内建中药材加工厂，推动中药材产业向规模化、标准化、集约化、产业化和高端化发展，形成集种植、加工、销售于一体的产业格局。全县中药材种植面积达 8 万亩以上，连续 4 年被评为全省中药材基地建设示范县。得益于饶河县近年来林下经济的蓬勃发展，不仅为县域乡村振兴提供了绝佳的产业机会，也念好了“山字经”、做好了“林文章”、打好了“生态牌”，充分开发利用丰富的野生药材资源，创新发展“不与粮争地、不与农争时”的林下中药材种植模式，把重点发展“寒地龙药”产业作为增添生态底色，推动经济大发展、快发展的新引擎，让绿水青山真正变成金山银山，积

中草药示范基地

中草药五味子种植基地

饶河县百草园中草药种植合作社

极践行党的二十大报告提出的“促进中医药传承创新发展”“推动绿色发展，促进人与自然和谐共生”精神，并交出了一份出色的“饶河答卷”。

（三）以数字乡村建设提升乡村治理现代化效能

近几十年来，以互联网为代表的新兴技术发展为人类社会带来深刻变革，并不断催生新的经济形态和商业模式，成为最具有潜力的经济增长点之一。数字乡村成为全面推进乡村振兴战略的重要突破口，也是建设数字中国的重要内容。“十四五”规划和2035年远景目标纲要提出“加快推进数字乡村建设”，2022年中央一号文件强调“大力推进数字乡村建设”。让信息化更好赋能乡村振兴，有助于充分发挥信息化对乡村振兴的驱动引领作用，推动农业农村现代化发展。数字乡村建设有利于促进农业全要素生产率提升，推动农村现代化转型。开展数字乡村建设不仅是当前“三农”工作的重要组成部分，也是实现乡村振兴和经济高质量发展的有效途径和坚实保障。为此，饶河县乘势而上，自上而下，发挥合力为进一步巩固拓展脱贫攻坚成果，推动乡村振兴注入数字动力。饶河联通公司与饶河县委县政府、各个村委经过多次洽谈沟通，将县内79个行政村分组拓展，联通公司领导班子亲自包保，抽调一线精英打造专门的营销队伍，由包保组长带队，针对各村情况一村一策，在网络上给予优化，资源上给予倾斜，助力打造数字化乡村生态建设。

2021年8月，饶河县大佳河乡选定大佳河村作为试点，通过饶河联通助力，将平安乡村、农业信息、便民服务等作为发力点，与饶河联通携手建成了全乡第一个“数字乡村”平台，实现了“一屏管全村”，不仅为乡村建设注入了数字活力，更为村民们的生产生活带来了更多便利。积极探索推广数字乡村治理新模式，拓展乡村治理数字化应用场景。完善“互联网+网格管理”服务管理模式，开展网格化服务管理标准化建设，提升村务管理网格化水平，深化平安乡村建设。推动“互联网+政务服务”向乡村的延伸覆盖，依托便民服务平台，以需求为导向，为农村居民提供精准化、精细化的政务服务，提高村级综合服务信息化、智能化、专业化水平，不断提升乡村数字化治理效能，促进乡村治理现代化。截至目前，饶河县全县乡镇、村屯签约率达到 100%，双达标村屯 16 个，移网达标村屯 18 个，宽带达标村屯 52 个。开展村屯现场营销 36 场次，累计新增移网用户 500 余户，宽带用户 280 余户。这一数字化乡村建设成绩不仅有力地助推了饶河乡村振兴实践中的数字化程度，同时也有力地支持了乡村治理现代化的内在需要。

中国联通集团帮扶饶河县建立的综合治理云平台

饶河县网格化综合治理云平台投入运行

饶河镇昌盛村电子显示屏

新征程新饶河

第五章

白桦林里人儿笑

习近平总书记指出，“要推进以人为核心的新型城镇化，处理好中心城市和区域发展的关系，推进以县城为重要载体的城镇化建设，促进城乡融合发展”。县城是我国城镇体系的重要组成部分，是城乡融合发展的关键支撑，对促进新型城镇化建设、构建新型工农城乡关系具有重要意义。近年来，饶河县委、县政府按照省、市安排部署，统筹推进县域经济、政治、文化、社会、生态文明建设，充分结合生态环境、区位优势、资源禀赋、人文历史等各项因素，重点围绕“四基地一窗口”，持续改善边境地区生产生活条件，不断提高边境革命老区人口和经济支撑能力，切实维护国家国防安全、粮食安全、生态安全，县域经济社会逐渐进入高质量发展轨道，边疆群众民生福祉得到极大改善，发展信心和后劲明显增强。

一、新饶河

县城一头连着大城市，一头连着广袤乡村，是融合城乡发展要素的重要枢纽。近年来，围绕“产业振兴、社会治理、保障民生、民族团结、稳边固边”五个方面内容，饶河县以项目建设为抓手，不断完善城乡基础、提升公共服务、改善人居环境、促进乡村振兴、维护民族团结与边疆稳定，坚定不移走内涵式、高质量发展之路。

（一）发展产业有效治理以党建促乡村振兴

饶河立足边境县实际，聚焦产业振兴、聚焦“急难愁盼”、聚焦治理有效，找准推动乡村振兴为群众办实事着力点，县、乡、村“三级台账”公开推进，报送、督办、问责“三项制度”保障落实，推动党史学习教育在边疆农村见实见效。

一是聚焦“产业振兴”，让农民钱袋子“鼓”起来。

饶河县坚持把发展农村“优特”产业、促进农民增收作为乡村振兴和为农民群众办实事的首要任务，瞄准解决项目竞争力不强、带富能力弱等问题，统筹整合资金 1.1 亿元，突出打造一批具有边境特色的“农旅文”融合型基地和项目；筹资 7000 万元建设高标准农田 7.9 万亩；出台并落实中草药、食用菌种植补贴政策，鼓励党员、合作社订单式规模化种植中草药 5 万亩、食用菌 1500 万袋。为解决种植品种多而杂、种养殖技术水平低等问题，组织技术指导小组指导种植户科学选种，良种覆盖率 100%；组织农业专家线上答疑、线下培训 1.2 万余人次。争取 18 名省“三区”人才专家帮助落地转化棚室栽培赤松茸菌、道地药材等 8 项科技成果。

二是聚焦急难愁盼，让农民幸福感“足”起来。

饶河县直击农民反映强烈的生活和出行不便等问题，投入 318 万元对 28 个村屯集中供水工程进行维修改造。投入 300 万元改造 12 个村低压台区。投入 5600 万元续建农村公路 36.7 千米、涵改桥项目 3 座；全年计划改厕 1000 户，普及率达 43%；采取政府购买服务形式，实现农村垃圾分类减量和就地资源化利用。投入 1200 万元，建设山里乡、西林子乡两处污水处理站；利用农村闲置宅基地发展庭院经济，打造小菜园、小药园、小果园示范村。推行政务外网全覆盖，有效解决了政务服务堵点问题，累计办结各类事项 5000 余件次；县市场监督管理局上门为偏远村屯 35 名农户申请人及行动不便的残疾经营户送证照。

三是聚焦治理有效，让组织治理力“强”起来。

饶河县坚持把提升基层治理水平作为乡村振兴的根基，聚焦加强和改善基层治理，建立以包村干部、村党组织负责人、驻村第一书记为网格负责人，村内党员、入党积极分子、致富能手等人员为网格管理员、网格志愿者的责任体系，参与疫情防控、矛盾化解、环境整治、治安防控、帮扶解困，600余名网格员参与疫情防控，为7000余名年老体弱农村群众疫苗接种提供全程接送服务，党员群众3万人次参与到农村人居环境整治攻坚战；每半个月组织第一书记、村“两委”成员、网格员、党员和群众代表，开展一次“民情半月谈”活动，形成发现问题的快速反应机制，将207件群众“急难愁盼”实事纳入新一届村“两委”开门一件事台账，专项推进。持续选派113名县级优秀干部充实到49个村驻村工作队和第一书记队伍，316名县直机关干部下沉一线，与314户脱贫户帮扶结对。

（二）系统谋划示范带动城乡面貌显著提升

饶河县坚持统筹产业发展和区域布局的发展需要，抓住国家重大政策机遇，补短板、强弱项，有序推动基础设施建设，增强振兴发展基础。一是制定建设规划。制定了生态宜居乡村建设规划，组织实施路域环境和人居环境综合整治提升工程，全面提升美化、绿化、亮化程度。二是强化示范带动。通过加快建设“乌苏里船歌”百里黄金旅游带基础设施项目，打造四排赫哲族风情园、小南河村黑金部落、大顶子山森林公园等15个旅游项目，带动示范区内乡村基础设施提档升级。三是突出重点整治。围绕农村人居环境整治“五项革命”，强化乡村环境整治，深入开展拆旧拆危治乱行动，农村“脏乱差”有效整治。四排赫哲族村、小南河村被评为中国美丽休闲乡村。四是加强生态保护。成功获评全国生态文明建设示范区、全省首批特色气候小镇。示范区内4个村生活污水治理率均达到100%，小南河村和四排赫哲族村无害化卫生厕所普及率达到94%和100%。五是完善基础设施。新水厂顺利竣工供水，困扰多年的县城自来水水质问题得到根本解决。通过新建换热站和改造供热管网，供热质量实现大幅度提升。国道饶盖公路大岱林场至红旗岭段开工建设，国有林场通硬化路工程、农村公路提质改造项目竣工通车。饶河县荣获“中国十佳宜居县”“全省文明城市”等荣誉称号。

（三）关注民生强化保障全面提高民生福祉

饶河县坚持发展为了人民，发展成果由人民共享。努力补齐民生短板，加大投入力度，继续将人力、财力、物力向民生事业倾斜，让人民有更多的获得感、幸福感、安全感。

一是民生事业稳步改善。

建设完成高级中学扩建和中心幼儿园建设项目，实施教育信息化 2.0 行动计划，教师队伍建设进一步加强。新建饶河县人民医院，成立饶河县紧密型医疗卫生共同体管理委员会，聘请高层次人才担任医共体总院负责人，县域整体医疗救治和服务能力得到有效提升。

二是城乡建设加快步伐。

新水厂顺利竣工供水，困扰多年的县城自来水水质问题得到根本解决。通过新建换热站和改造供热管网，供热质量实现大幅度提升。雨污分流主管网建设开始实施，改造老旧小区 18 个，百合广场、饶河岛完成改造，绿化面积进一步扩大。新农贸市场动迁完成。国道饶盖公路大岱林场至红旗岭段开工建设，国有林场通硬化路工程、农村公路危桥改造项目、农村公路提质改造项目竣工通车。

三是社会保障有力有效。

千方百计稳定和扩大就业，城镇登记失业率始终控制在 4% 以内。全年发放创业者贷款 2868 万元。按时足额发放各项社会保险待遇，为特殊困难群体及时发放社会救助资金。企业退休人员基本养老金“十八连调”。养老金清算工作完成率达 100%。

（四）全域联动发展引领有效维护民族团结

饶河县委、县政府始终坚持以习近平新时代中国特色社会主义思想为指引，深入贯彻落实习近平总书记关于加强和改进民族工作的重要思想和重要指示精神，坚持以铸牢中华民族共同体意识为主线，持续深化民族团结进步创建工作，引导各族群众牢固树立休戚与共、荣辱与共、生死与共、命运与共的共同体理念。2022 年，荣获全省民族团结进步示范县荣誉称号，2023 年，正在积极创建全国民族团结进步示范县。

一是突出全域联动，绘就边疆民族团结最大同心圆。

饶河县建立起“三项机制”，构建统筹协调、高位推动、全方位落实的责任体系。

加强顶层统筹设计。成立创建工作领导小组，实行党政主要领导“双组长”负责制，“一把手”亲自挂帅、亲自统筹、亲自部署，真正把民族团结进步工作摆在更加突出的位置。

健全工作协调机制。组建饶河县创建全国民族团结进步示范县领导小组办公室，在人员配置上突出各民族干部共同参与，建立健全联席会议、信息通报、工作例会等制度，切实有效增强各成员单位之间整体联动、共同发力。

健全督导考核机制。不断加强和完善党对民族工作的全面领导，合理科学设置考核、培训、巡查等指标体系。成立创建工作指导组督导推进全县创建工作，充分发挥考核评价的激励鞭策作用。

二是突出宣传引领，汇集边疆民族团结更多同行者。

开展“民族团结 + 互联网”宣传。利用抖音、微信公众号的传播优势，设立民族团结进步专栏，将民族团结课堂搬到“云端”，线上宣传民族团结进步应知应会知识，分享民族团结进步好经验，树榜样塑示范。

开展“民族团结 + 阵地”宣传。发挥民族团结主题展示馆、新时代文明实践中心（站、所）等宣传主阵地作用，打造民族团结进步长廊。深度挖掘和开发红色历史资源，引导铸牢中华民族共同体意识，牢固树立正确的民族历史观。四排赫哲族乡获得全省民族团结进步模范集体，中国民间文艺家协会授予四排赫哲族乡“中国赫哲族民间文化之乡”称号。

开展“民族团结 + 载体活动”宣传。创新民族团结活动载体和方式，开展民族活动，为各民族同胞交流交往交融创造良好氛围。

三是突出发展要务，凝聚边疆民族团结强大向心力。

抓住“产业发展”这个关键。立足实际，确定了“四基地一窗口”产业发展定位，以四排赫哲族乡为突破点、发力点，整体推进“农旅文”融合发展和重要节点项目建设。通过产业带动让各族群众有了更稳定的工作、更满意的收入。

抓住“项目建设”这个根本。实施一批事关长远发展的重大基础设施、农田水利、数字经济、乡村振兴、文化旅游、生态环保以及支撑社会民生等领域发展的重大工程项目。

抓好“基层治理”这一基础。坚持以“管理促服务”为工作方向，将少数民族流动人口管理工作与“百万警进千万家”活动相结合，进一步提升民族事务治理体系和治理能力现代化。

（五）三级联动汇聚力量稳边固边成效突出

饶河县坚决扛起维护国家国防安全重大政治责任，深入贯彻党中央和省市委稳边固边决策部署，持续提升边境综合防卫管控能力，守好国门、管好边境、筑好防线。

一是突出“三级联动”，构建管控责任体系。

饶河县着力构建县级牵头抓总、涉边管边部门分工负责、抵边乡镇农场具体落实的三级联动管控责任体系。首先，县级统筹抓总。党政主要领导靠前指挥先后40余次赴边境一线检查督导边境管控工作，严格落实“外防输入”要求。其次，涉边管边部门分工协作。建立涉边管边部门常态化协作机制和信息共享机制，及时沟通联络、共享边境管控信息动态，协商解决矛盾问题。2022年，县委边防办、县外事办荣获黑龙江省边防工作先进集体称号。最后，抵边乡镇农场具体落实。各抵边乡镇、农场严格落实属地责任，统筹边境管控各项工作，构建乡镇领导包保抵边村屯、农场领导包保抵边连队、村屯党员干部包保到户到人的“三线联防”工作机制，实行责任共担、奖惩同步。

二是汇聚“三方力量”，常态落实联防联管。

坚持军警民合力强边固防，全力构建整体联动、快速响应的边境联防联控格局，筑牢 128 千米坚固稳定的边境防线。

汇聚驻饶部队力量。规范和加强对俄交往合作，及时通报边境信息，实现双边敏感时期顺畅合作交流，有效消除边境风险。

汇聚边防警务力量。聚焦重点任务，着眼边境特点，创新打造全新边境管控体系，通过水陆巡逻、高空巡防、远程监控等手段，查处涉边违法案件。在“獴猎”行动中，成功侦破“7·24”偷越国（边）境特大走私案件，深挖破获案件 7 起，斩断一条通往俄罗斯边境走私通道，得到省领导批示肯定。

汇聚边民群众力量。护边员、民兵紧盯薄弱地段巡查，强化涉边重点人群管理，加大外来人员信息核查，全面掌握涉边重点人员基本动态。同时，以抵边乡镇、村屯、连队党员领导干部为主，密织防控网络、拉长防控链条。建立越界、走私、偷渡等跨境违法犯罪线索奖励机制，调动边民参与边境防控积极性。

三是补齐“三个短板”，提升管边控边能力。

坚决扛起守边固防政治责任，持续堵漏洞、补短板、强弱项，不断提升管边控边能力。

升级物防技防设施。针对边境线长、抵边通道多等问题，积极争取边防资金，推进物防技防设施提档升级。

规范边境生产秩序。针对违法越界捕捞问题，开展渔政亮剑专项执法行动，保持渔政执法的高压态势。

提升政策宣传质效。针对边民法律意识不强、法治观念淡薄等问题，以“边防政策法规宣传月”为载体，组织宣传教育大会，发放宣传品。逐步提升全县各领域群体护边守法的意识，在边境辖区营造高压严打氛围。有效提升边民国界意识和守法护边意识。

二、新乡村

总书记在党的二十大报告中指出，“全面推进乡村振兴，坚持农业农村优先发展，巩固拓展脱贫攻坚成果，加快建设农业强国，扎实推动乡村产业、人才、文化、生态、组织振兴”。谋时而动，顺势而为。饶河县深入贯彻党的二十大报告精神，全面推进乡村振兴战略深入实施，努力建设“产业兴旺、生态宜居、乡风文明、治理有效、生活富裕”的美丽富饶幸福新乡村。

（一）创新实施“双五”工程，为边疆乡村振兴赋能加速

乡村振兴战略实施以来，饶河县立足边疆实际，创新实施争创“五型”红旗村党组织和“五星级”党员的“双五”工程，激发边疆特色农村党建生机活力。

一是顶层设计，让边疆党建载体“活”起来。

县委坚持以高质量党建引领高质量乡村振兴为核心，强化顶层设计，先后召开常委会议、县委全面深化改革领导小组会议、“双五”工程推进会议，制定“双五”工程实施方案及配套考核细则，明确“五型”红旗村党组织 5 方面 17 项工作任务、54 条评分标准和“五星级”党员 5 方面 12 条评定标准。建立包乡包村处级领导主方向、涉农部门主指导、乡（镇）党委主推进、村“两委”主实干、驻村干部主协助的“五位一体”创建团队，构建起群策群力推动“双五”工程的责任体系。建立“半年初评、年终总评”和“村级自评、乡镇核定、县级审定”的考核评价体系，将争创成效与村干部补贴和党员先优评选挂钩，严格落实奖惩。同步将“双五”工程创建活动列入乡（镇）村两级党组织书记职责任务清单和乡（镇）党委书记述职评议必述内容，压实责任，强化推进落实。

二是立标夺旗，让边疆组织堡垒“强”起来。

整合人力、物力、财力资源，帮助 79 个村党支部深挖村居特色，精准创建目标，聚力打造各型“红旗村”，组织振兴基础更加坚实。培育“产业兴旺型”红旗村 9 个，饶河镇昌盛村党支部积极推进大顶子山红色旅游 + 森林氧吧项目建设，打造全县“农旅文”融合发展示范基地的南部精品旅游线路，被评为全市党建工作示范村；培育“生态宜居型”红旗村 21 个，西丰镇河北

村党支部加大村域环境整治力度，绿化覆盖率达32%，人居生活环境显著改善；培育“乡风文明型”红旗村23个，大通河乡青山村党支部组织开展“全民欢喜迎冬奥 赏冰乐雪在青山”活动，充分展现积极向上的乡村精神风貌；培育“治理有效型”红旗村20个，五林洞镇西南岔村党支部组织建设标准规范，网格化作用发挥明显，治理能力和治理水平显著提升，被评为全国乡村治理示范村；培育“生活富裕型”红旗村12个，四排赫哲族乡四排赫哲族村党支部打造百亩花海和伊尔嘎风车花海园，为村民提供就业岗位20余个，人均增收7000元。

三是亮牌争星，让边疆党员形象“树”起来。

全县各级党组织引导农村党员争当“遵章守纪星”“共同富裕星”“无私奉献星”“正义和谐星”“文明新风星”，抢排头、争示范、做表率，涌现出“五星级”党员128名。四排赫哲族乡四排赫哲族村党员卢艳华带动村民学习排演伊玛堪、嫁令阔等赫哲族歌舞，年吸引游客3万余人次；西林子乡兰桥村党员韩忠海主动帮助村内重挖自来水管道，重修自来水保障设施，确保村民饮水安全；山里乡光明村党员宋长青自己致富不忘本，积极向村民分享农技经验和种植技术，热心帮助贫困农户解决生产生活困难，带动村民共同致富；小佳河镇佳平村党员郝传文带领村民成立谷物种植水稻合作社，统一品种、集中产销，带动社员年均增收1.7万元。

（二）五林洞镇：西南岔村积极推进“文明乡风建设”

五林洞镇西南岔村位于饶河县西部，距离县城9千米，1948年建村，区域面积15平方千米，户籍人口119户285人，常住人口62户132人，党员20名，耕地面积10373亩。村内有建档立卡脱贫户1户1人，2017年脱贫出列。村主导产业有农业种植、大棚蔬菜种植、草莓采摘，在脱贫攻坚与乡村振兴发展的起步之年，西南岔村严格按照“产业兴旺、生态宜居、乡风文明、治理有效、生活富裕”的宏伟蓝图，充分结合本村发展现状，因地制宜推进全村的整体发展。西南岔村先后获得“新农村建设先进村”“五个好先进基层党组织”“全省爱国卫生村”等多项荣誉称号。

一是党建引领“文明乡风建设”。

“党员带头”促生态宜居。西南岔村全力实施农村全域清洁化工程，开展村庄清洁行动春季战役和夏季战役，结合“六清一修一改一建”工作，坚持日常清整与集中清整相结合，党员带头发动群众200余人次积极参与环境整治工作。建立垃圾分拣中心1处，垃圾处理率达到100%。栽植海棠350棵、黄太平120棵、云杉2000棵，栽植花苗2.1万株，全力打造绿色宜居新家园。建设粮食晾晒场9066平方米、农机具停放场2934平方米，维修了全部农田路和桥涵建设，安装太阳能路灯36盏，村内硬化路达到100%，村民生产生活条件明显改善。依托新时代文明实践站打造“1+4+N”的新时代文明实践载体矩阵，整合党建、文化、卫生等资源，打造以社会主义核心价值观、乡风文明为主要内容的文化墙6面，设置宣传栏5处。组织成立农村志愿服务队伍，先后开展了文明守礼、关爱老人等志愿服务活动11次。

“村干善治”促治理有效。西南岔村近年来始终是“一肩挑”，班子队伍和谐稳定。2021年，村党支部培养入党积极分子2名，择优储备后备干部2名，将2名党员培养成致富带头人。构建网格化治理体系，打造大联动、精细化的网格化村级治理模式，村“两委”成员带头深入网格，组建大网格基层治理“先锋队”，积极参与疫情防控、秸秆禁烧、信访维稳等工作。在疫情防控工作中，村“两委”成员、党员群众、下沉干部、网格员24小时值班值守，充分发挥带头作用，强化群防群控，落实落靠防控措施。深入开展“我为群众办实事”实践活动，为群众办实事12件，成功化解矛盾纠纷5件，处理群众信访1件。

二是遏制陋习推动“文明乡风建设”。

遏制乡村陋习是推动乡风文明的有力举措之一，具有针对性、地域性。在乡村建设中注重发挥民主协商与群众自治的作用，不断创新方式方法，因地制宜制定完善《村规民约》等相关规定，广泛开展“遏制陋习、倡导文明新风”行动，使陈规陋习蔓延势头得到有效遏制，婚丧嫁娶一概从新从简，减轻人情负担，尊老敬老的风气日渐形成，村民获得感明显提高。西南岔村从迷信活动和聚众赌博下手，展开强有力的移风易俗行动。依据群众认可的原则，发扬群众自我监督作用，依照六步决策法的科学流程，制定了《西南岔村规民约》。《民约》强调群众自我管理，发扬村民的管理自主性，提升村民的治理参与感。如婚丧嫁娶一应从新从简，其余繁复宴席一概取消，约定民俗活动的规模和标准，不准在活动中搞封建迷信等不良活动。经过移风易俗行动，西南岔村精神风貌焕然一新。

三是阵地建设促进“文明乡风建设”。

基层文化阵地是促进乡风文明的载体，是开展各类文化活动、丰富村民精神世界的平台，通过阵地建设推动乡风文明的模式，具有实用性、快速性，群众参与度高。自2020年西南岔村新时代文明实践站建成以来，立足谁来做、做什么、怎么做得好，坚持边实践边探索，吸收党员和村积极分子建成志愿服务队，以为村百姓解难帮困、丰富精神文化生活为出发点，以村人居环境管护、助老助残等每月最少1次开展志愿服务为落脚点，切实帮助群众解决操心事、烦心事、揪心事，增强群众获得感、幸福感、安全感。

四是典型示范引领“文明乡风建设”。

以典型人物、事迹来引领带动乡村群众，既是对优秀的人物、事迹的充分认可，又是一种从正面引导乡村群众的有效方式，具有典型性、带动性。通过积极开展评选、表彰，选树先进典型人物、典型事迹进行宣传，鼓励评选出的先进人物成为文明的传播者，起到优秀标杆带动效果，带动乡村文明之风。西南岔村通过支部引导、群众参与的方式制定出群众普遍认可的村规民约，用村规民约立本，以道德评议育人，营造人人争先、户户上进的浓厚氛围。树立标杆做示范，开展文明家庭、十星级文明户评选活动，评选出文明家庭5户，十星级文明户2户。村党组织围绕“五星级”党员评定标准，积极动员村内党员争当“遵章守纪星”“共同富裕星”“无私奉献星”“正义和谐星”“文明新风星”，抢排头、争示范、做表率。通过党员日常积分、村民集中测评、镇党委核定的方式，初步评选出“五星级”党员3名、“四星级”

党员 14 名。设置“五星级”党员光荣榜，大力宣传展示先进事迹。党员翟进财积极组织村民参加志愿服务活动，带头开展帮扶助困、民事调解、环境清理等活动 10 场次；在疫情防控工作中，值班值守 1000 多小时，把疫情防控工作当成家事。党员马克友积极推进移风易俗，向群众宣传婚丧简办、孝亲敬老的积极意义，组织“五一”“七一”慰问、文明乡风创建等主题党日活动 12 场次；积极排查不稳定因素，化解村内矛盾，解决村民纠纷，主动充当村民调解员。通过积极发挥“最美”正能量，借力培育红榜人物、礼赞红榜事迹、关爱红榜群体、引领红榜精神等工程，不断激发全社会崇德、向善之心，提升文明程度，培育文明乡风。

（三）四排赫哲族乡：赫哲乡村旧貌换新颜

为深化能力作风建设“工作落实年”活动暨“三航行动”再出发，全面巩固提升环境卫生整治成效，提高乡村绿化美化效果，持续改善农村人居环境，连日来，饶河县四排赫哲族乡以“点、线、面”为抓手，扎实推动绿化美化行动初见成效。

第一，以乡村为美化绿化“点”。

组织机关干部、新时代文明所（站）志愿者、“橄榄绿”退役军人、乌苏赫哲志愿服务队、公益性岗位以乡、村为美化绿化示范点，围绕通乡公路沿线、村主干道两边、绿化带等公共区域种植云杉、小叶丁香等树木 1 万余棵，打造小景观、小花园，美化绿化乡村环境，提升乡村颜值。

第二，以公路、重点区域为绿化美化“线”

以美丽乡村建设为抓手，深入开展环境整治活动，对重点区域、主干道进行彻底清理，清理宅基地 2 处，清理庭院累计 164 次，清理边沟 2.5 千米，入户宣传 1 次、张贴宣传标语 4 条，建立健全农村环境卫生保洁管理长效机制，巩固环境整治成效。

第三，以楼区、闲置土地为绿化美化“面”。

四排赫哲族乡以改善农村人居环境、建设美丽宜居乡村为目标，以绿树成荫、鲜花遍地为抓手，利用楼区前后荒地、边角地等开展小微花园建设和花木、果树种植，多形式扮美扮靓庭院和村庄，建设生态宜居的美丽乡村和推动乡村振兴蓄势赋能。

（四）大佳河乡：运用数字乡村新技术 构建乡村治理新体系

2021 年 8 月，饶河县大佳河乡选定大佳河村作为试点，通过饶河联通助力，将平安乡村、农业信息、便民服务等作为发力点，与饶河联通携手建成了全乡第一个“数字乡村”平台，实现了“一屏管全村”，不仅为乡村建设注入了数字活力，更为村民们的生产生活带来了更多便利。平台在经运营了几个月之后，就获得大佳河村村民们的一致称赞，并在 2021 年 10 月大通河乡的“数字乡村”启动大会上，通过切身感受，为联通代言，为数字代言。

第一，平安乡村——让乡村治理长出“千里眼”。

乡村治理是国家治理的重要组成部分，推动乡村治理信息化数字化转型成为有效提升乡村治理现代化水平，实现治理有效的重要途径。中国联通集团公司积极探索推广数字乡村治理新模式，拓展乡村治理数字化应用场景。完善“互联网 + 网格管理”服务管理模式，开展网格化服务管理标准化建设，提升村务管理网格化水平，深化平安乡村建设。大佳河村民郭大哥说：“自从联通给村里安装了 7 个联网监控，我在地里干活时再也不用惦记家里了。因为在手机上随时随地可以查看家里的情况，还可以查看回放，就像是给家里装上了‘千里眼’。不仅如此，村委会里安装的总台，能看到全村的情况，让我们觉得有了保护网，可放心了。现在不仅村子里是‘平安村’，家里也是‘平安家’啦！”

第二，智慧村务——让大事小事及时通。

推动“互联网 + 政务服务”向乡村的延伸覆盖，依托便民服务平台，以需求为导向，为农村居民提供精准化、精细化的政务服务，提高村级综合服务信息化、智能化、专业化水平，不断提升乡村数字化治理效能，促进乡村治理现代化。大佳河村李会计说：“明天上午九点县里来畜牧专家讲课，在村委会现场答疑。这样的通知以前都是我们村干部挨家挨户告诉，外出上地家中无人的，就很难通知到，费时又费力。这个平台上了以后，通过联通工作人员手把手地教，我们现在有啥消息都在手机上发布公告和通知，村民们随时接收，及时回复，省时省力，方便得很！”

第三，多功能服务——真正为村民办实事

大佳河村驻村队员陈大哥说：“自从成为饶河联通数字乡村示范村以来，仅一个多月的时间，我们就上线了 33 项功能，包括平安乡村、办事服务、建议诉求、涉农政策等等。就拿‘建议诉求’来说，一开通就接到村民建议，村委会成员在第一时间就能了解群众困难，能及时为群众解决困难。不仅让老百姓少跑腿、不跑腿，更大大地提高了村干部管理工作的质量和效率，让大家能更好、更快地为民办实事！同时也提升农村基础设施和公共服务的人性化程度，增强农民的社会认同感和幸福感。”

三、新收获

不断实现人民对美好生活的向往，是中国共产党人始终不渝的奋斗目标。2023 年全国“两会”期间，习近平总书记多次“下团组”并发表重要讲话。总书记指出，“必须以满足人民日益增长的美好生活需要为出发点和落脚点，把发展成果不断转化为生活品质，不断增强人民群众的获得感、幸福感、安全感”。总书记还强调，“基层治理和民生保障事关人民群众切身利益，是促进共同富裕、打造高品质生活的基础性工程，各级党委和政府必须牢牢记在心上、时时抓在手上，确保取得扎扎实实的成效”。近年来，饶河县委、县政府牢固树立以人民为中心的理念，坚持不懈创造高品质生活，不断增强人民群众的获得感、幸福感、安全感，切实推动高质量发展与高品质生活互促共进，更好满足人民群众对美好生活的向往。

（一）卢小开的故事

卢小开2019年开始从事自媒体行业，2020年5月成立电商直播工作室，凭借记录东北农村生活，从东北跑山人逆袭成百万网红。目前，在抖音平台的粉丝量707万，快手平台粉丝量150万。在2020年度黑龙江省“向上向善好青年”推选活动中，获得“共青团黑龙江省委员会”颁发的黑龙江省“向上向善好青年”荣誉。在2021年4月10日获得饶河县“青年创业标兵”荣誉；2021年7月，卢小开被评为“黑龙江助力乡村振兴行动公益大使”。在中国主播龙江行启动仪式上，获得优秀龙江主播称号，2023年被评为全国农业农村劳动模范。2023年在中国农民丰收节公益助农活动中被评为助农先锋。

卢小开出生在一个普通的农村家庭，初中毕业就早早进入社会，因为没有经验，最早的时候跟着父亲一起去跑山，现在的经验都是那个时候积累的，后来也做过游戏工作室，干过餐饮卖过麻辣烫，但是都因为各种原因以失败告终。卢小开接触到自媒体行业也是一次偶然，临近过年，在排队理发的过程中，他刷到一个农民通过直播卖蜂蜜，一个小时就卖出一吨多蜂蜜，给他带来了新思路。饶河农业物产丰饶，饶河东北黑蜂系列产品是我国首批原产地地理标志保护产品，更是第33届国际养蜂大会暨国际蜂产品博览会的金奖产品。同时也盛产山特产品，当即他就开始决定尝试直播带货。

对卢小开来说这是一个全新的行业，他苦心钻研相关技术，但是几个月下来，成效并不显著，也产生过放弃的想法，但是经过妻子的劝告与鼓励重拾信心，通过一场冬捕的直播打开了局面。逐渐确定直播内容，通过南方与北方的生活对比，介绍东北的生活和习性，这样卢小开成为村里第一个吃螃蟹的人。

从小在饶河生活的他更知道村民生活得有多不容易，他开始利用直播帮助村民销售家乡的山货，将饶河东北黑蜂蜂蜜、蘑菇、木耳等山特产品销往全国各地。一个月最多的时候要直播40余场，一天平均下来要播十几个小时。在电商这条路上，他慢慢摸索，让更多家乡的特产走出去，一年为家乡带货上千万，带领全村人民增收致富。

现在卢小开团队工作人员有30余人，于2022年入驻饶河县电商直播基地。主要销售山野菜、刺五加茶、蜂蜜、大米、玉米、煎饼、红小豆等特色农产品。同时，辐射周边企业，与周边市、县区企业合作，带动集贤县张广东绿农晓镇大米、双鸭山市公立屯玉米、宝清县红小豆红豆沙、铁力市煎饼等农副特产品销售1500万元。2022年销售额累计达到8500万元，共带动百姓增收4000多万元。2023年截至目前，在抖音平台进行专场直播带货场，累计260小时，超1.2亿人在线观看，销售额达4500多万元。

（二）小南河村老王家的故事

梅花斑驳，呦呦鹿鸣。从饶河县向南88千米的山里乡有个叫宾丰牲畜养殖农民合作社，这里养殖的梅花鹿和马鹿个个膘肥体壮、色泽艳丽。经营的鹿茸、鹿肉、鹿血酒、鹿胎膏、鹿心粉等特色鹿产品供不应求，深受消费者喜爱。

说起自己养梅花鹿的经历，刘旭杰始终觉得是一个正确选择。一次偶然的机会，刘旭杰接触到梅花鹿养殖，意识到梅花鹿全身都是宝，鹿茸、鹿血、鹿尾、鹿肉等鹿副产品市场也很广阔，尤其是鹿茸，属于名贵中药材，深受广大消费者的喜爱，他思考如果将梅花鹿养殖引进到自己村里，便是特色中的特色。有了想法后，他多次前往外地学习，经过多次摸索，掌握了一套适用于东北农村的梅花鹿养殖方法，在摸索中他发现，养鹿不能光靠跑客户，光想着靠关系，这样人力物力投入不少挣得却不多，养鹿最应该依靠的是科技、数据，一台电脑一部手机就能将产品销售至外地，省时省力赚得反而更多了。打开刘旭杰的微信朋友圈随时可以看到萌态可掬的梅花鹿和各式各样的鹿产品，他也从一开始小规模地养殖几头鹿，到现在发展为120余头的规模。如今，刘旭杰已经是梅花鹿亲密的伙伴，同时他积极发挥村干部“领头雁”效应，带领村民带头成立畜牧养殖农民专业合作社，带领大家共同富裕，合作社实现年纯收入40万元。

现在的宾丰屯映入眼帘的是一幅生机勃勃的产业振兴景象。而这一切，和屯书记刘旭杰的努力是分不开的。作为一名有着26年的党龄、32年工作经验的村书记来说，带领全体村民共同致富，真正实现乡村振兴是刘旭杰的毕生夙愿。他常开玩笑地说“只要经济能发展，我就是那个第一个吃螃蟹的人，我不出头谁出头”。于是，他果断地开始了梅花鹿养殖、生猪之路，在真正地确定这条路可行可发展，真的获得收益后，他第一时间带领全体村民发展畜禽养殖业，通过他的努力，2023年宾丰屯又新增1家鸵鸟养殖户、2家肉牛养殖户，全村猪牛羊等畜禽养殖规模达到350余头。

（三）山里乡宾丰村村支书的故事

在西林子乡小南河村，祖祖辈辈大多数都是依靠种地来致富，王文宝夫妇想从自身改变这一状态，他们仔细研究发现，近年来农家乐颇受大家欢迎，想通过运营农家乐带动小南河的旅游发展，带动全村村民走上致富之路。

2015年，第一书记冷菊贞的到来以及她想带领全村人致富的发展思路，让王文宝夫妇干农家乐的决心更加坚定。听闻冷书记要带领村民发展旅游产业，做集体农家乐，夫妇俩就积极踊跃报了名，加入了小南河村农家乐创办队伍当中，但由于当时自己家房屋面积小，地理位置不占优势，只能跟着其他两家一起“搭伙”在中心位置开办农家乐的人家进行帮厨。随着小南河村发展得越来越好，越来越多的人知道了小南河，前来游玩的游客也络绎不绝，村里农家乐已不能够满足旅游承载量，所以在三家“合伙人”商量下，决定分别在自己家开设农家乐，并在前面用自己的姓氏加以区分，就这样，老王家农家乐就此在村西头开业了。

因女儿结婚，夫妇俩在考虑到客人需求的基础上，将农家乐屋里贴上了全屋的喜字，唤名“喜屋”。挂上红灯笼的农家乐充满了喜庆的气氛，加之山野菜都是自己上山采集的，笨鸡、笨鸡蛋、大鹅都是自家和村民养的，食材始终绿色健康。王文宝夫妇还经常与游客进行交流了解他们的口味，不断改进，很多的外地游客和周边的本地居民都慕名前来品尝，在仅有两桌的情况下仍旧天天爆满，平日里家用的笨鸡蛋、山木耳、小鸡等绿色食材也供不应求了。

这种情况维持了很长一段时间，这让夫妇俩诞生了一个大胆的想法：“既然这样，咱就扩建，旁边再盖个，前面再买下来，食材从全村收，人不够全村雇，不仅自己能挣到钱，也能够带领全村发家致富。”就这样，王文宝夫妇扩建了自己的农家乐，厨房、桌位、卫生间等设施配套齐全，老王家农家乐的环境变得比以前更加整洁了，随着收购村子里绿色新鲜蔬菜越来越多，更多村里的妇女来帮厨，菜色变得种类更多了，人气也比以前更加旺了。

因疫情影响，农家乐游客少了很多，王文宝夫妇并未气馁，认为可以借此机会将农家乐做得更好。2023 年，老王家农家乐改建完成，现前后有 4 间房屋，容纳 25—26 桌用餐，可一次接待游客近 200 人，目前，每年老王家农家乐能销售笨鸡 300 余只，笨鸡蛋几千枚，年创收达 10 余万元，带动了村里的养殖业，并雇用村民帮忙带动村内劳动人口就业，真正诠释了独乐乐不如众乐乐，带动了小南河村农家乐发展。

人民群众的获得感、幸福感和安全感的心理体验是新时代中国式现代化政府建设的重要着力点。党的十八大以来，以习近平同志为核心的党中央对不断增强人民获得感、幸福感、安全感作出了一系列重要论述，为指导新时代新征程现代化政府建设提供了根本遵循。党的十九大报告指出，要“使人民获得感、幸福感、安全感更加充实、更有保障、更可持续”。党的二十大报告再次强调，十年来“人民群众获得感、幸福感、安全感更加充实、更有保障、更可持续，共同富裕取得新成效”。在新时代新征程中，“人民获得感、幸福感、安全感的体验更加充实、更有保障、更可持续”已是现代化政府建设的主要目标，也是新时代以来现代化政府建设的突出成就，它们构成了中国式现代化政府的关键特征，势必成为现代化政府建设的基本主题。饶河县委、县政府坚持人民至上、为民服务的理念，结合地方优势，在县域治理现代化和新型城镇化建设上发力，不断提升人民群众的获得感、幸福感、安全感，积极维护民族团结和边防安全，取得实质性成效。

新征程新饶河

第六章

人民的江山万万年

“十四五”时期是我国全面建成小康社会，实现第一个百年奋斗目标之后，乘势而上开启全面建成社会主义现代化强国新征程，饶河县将继续深化“船歌向党”边疆特色党建品牌，实施七个领域党建工程，突出党建引领，全力以赴打造生态、宜居、活力、开放、幸福的现代化新饶河。

一、全力建设生态新饶河

饶河县深入贯彻落实习近平生态文明思想，认真践行“绿水青山就是金山银山，冰天雪地也是金山银山”理念，坚持生态优先、绿色发展，不断放大具有饶河特色的绿色生态优势，协同推进经济高质量发展和生态环境高水平保护，加快生态强县建设，打造全省生态文明示范县。

二、全力建设宜居新饶河

饶河县坚持“四精”城市发展理念，以精当规划、精心建设、精细管理，推动精致城市发展，不断高质高效推进城市更新，提高城市治理水平和公共设施建设水平。在未来的发展中，正向着打造生态宜居、环境宜业、服务宜游、品质宜养魅力边城的目标全力前进。

三、全力建设活力新饶河

饶河县多维着力推进顶层设计，激发县域高质量发展的内生动力。通过打造全方位、各渠道的引才方式，引聚各领域人才扎根边疆，助力县域经济发展；深化重点领域改革，以国内先进水平为标杆，打造市场化、法治化、国际化的优良营商环境，激发市场主体活力；深化要素市场化配置改革，加快大型项目建设速度，全面释放县域经济发展活力。

四、全力建设开放新饶河

饶河县立足自身区位优势和产业基础，继续强化规划引领作用，以中俄产业链和供应链建设为目标，提升区域经济一体化发展水平。不断提升发展要素的协同水平，在建设现代产业体系、优化商贸服务业、提升文旅融合水平等方面积极探索和实践，打造向北开放新高地，实现推进区域协调发展，积极融入新发展格局。

五、全力建设幸福新饶河

饶河县坚持发展中惠民生，推进民生事业持续改善，不断提高人民群众的获得感和幸福感。走城乡互通互融、协调发展的县域发展道路，一方面推进以县城为重点的城镇化建设，提升城市生活品质；另一方面坚持改善农村人居环境，提升群众生活水平和收入水平。统筹县域发展和县域安全，认真践行总体国家安全观，筑牢发展安全屏障，建设更高水平的“幸福饶河”“平安饶河”。